英語動詞の分類と分析

意味論・語用論によるアプローチ

吉川　洋
友繁義典
著

松柏社

英語動詞の分類と分析

はしがき

　本書は，英語動詞を対象とした分類と分析を中心テーマとしている。動詞は，文の中で中心的な役割を果たす最も重要な要素であり，文の心臓部に当たると言える。一口に動詞と言っても，様々な種類があり，様々な統語上の振る舞いをすることが知られている。動詞の分類と分析の方法に関しても，形式を中心とする方法や意味を中心とする方法，あるいは機能的な面を重視する方法などがある。本書では，特に意味論と語用論の観点から動詞を分析する方法をとる。動詞を十分に理解することができれば，それは英語という言語をより深く理解することに繋がると言える。

　さて，英語動詞に関しては，周知の通り，これを大きく二種類のカテゴリー，すなわち自動詞と他動詞に分けることができる。通例，動詞が目的語をとれば，それは他動詞と分類され，目的語をとらなければ，それは自動詞と分類される。要するに，動詞に目的語が後続するかしないかによって，動詞が他動詞か自動詞に分けられるわけである。このように全ての動詞を単純に，他動詞あるいは自動詞のいずれかのカテゴリーに分けることができれば問題はない。しかし実際，動詞によっては，openやbreakのように，自動詞にも他動詞にも用いられるものがある。例えば，openの場合には，The gate opened. のopenedは自動詞として，またThey opened the gate. のopenedは他動詞として用いられる。同様に，The vase broke. のbrokeは自動詞として，また，The boy broke the vase. のbrokeは他動詞として用いられるといった具合である。

　本書の内容の概要を述べると，第一章では，動詞はどのような意味によって分類され，その分類にどのような意義があるかを見る。形式的に

自動詞と分類されても，意味を基準とすれば，さらに異なった分類がなされる。例えば，John ran. と The gate opened. の二つの自動詞文を例にとると，文の描写する出来事が完了の意味を持つかどうかによって，これらの文は異なったカテゴリーに分類される。このような意味基準による分類は，完了・未完了アスペクト（相）による分類である。また，これら二つの文を他の意味基準で分類すれば，さらに異なるカテゴリーに分類される。それは，物（もしくは人）が持つ内なる力（内部原因）によって生じる出来事を表しているか，外からの力（外部原因）によって生じる出来事を表しているかによる分類である。この意味基準によれば，これら二つの文は異なるカテゴリーに分類される。すなわち，run は内部原因で非能格動詞と，open は外部原因で非対格動詞と分類される。

　本章で取り扱うもう一つの分類は，例えば，John is running. と John has blue eyes. のような文に見られる状況描写の違いに関するものである。これは，一時的状況を表すか永続的特性を表すかによる基準，すなわち stage-level と individual-level の叙述詞を基準とした分類である。

　以上のように，第一章では，動詞を意味に基づいて分類し，その分類基準となる手段と，その分類の意義について論じる。

　第二章では，移動動詞である come と go に関して，どのような場合にいずれの動詞が適切に用いられるかを考察する。また，思考・判断・認識を表す動詞 believe, consider, think などに関して見ていくが，それぞれの思考・判断・認識を表す動詞が，どのようなタイプの補文をとるのかを検討する。また，補文には，that 補文，to-不定詞補文，小節補文があるが，それぞれの補文がどのような原理で選択されるのかを検討する。さらに，準動詞である to-不定詞と動名詞の違いについて考察した後，いわゆる使役動詞と呼ばれている一群の動詞，make, get, have, let などについてそれらが表す意味を確認しながら，いずれの動詞がどのような場面や文脈でどのように使い分けられているのかを見，本書を締めくくる。

　本書は，高等学校卒業までに一通り英語の学習を終えた大学生・短期大学生を念頭に置いて作成されており，「なぜ？」という疑問を投げか

けながら，これまで機械的あるいは理屈抜きで学習した言語事実や言語現象について考察することを目的としている。このような疑問を解くことができれば，英語に対する理解がより深まるであろう。大学の英語学関係の授業で使用されることを想定してはいるが，中学校・高等学校の先生方，また英語を専門としない学生も対象としている。

　なお，吉川と友繁の二人が協力して作成しているが，第一章は吉川が担当し，第二章は友繁が担当している。

　内容に関しては，不十分な点，あるいは不適切な記述などが多々あるかもしれない。また，浅学非才であるため，思わぬ間違いを犯しているかもしれない。不適切な点や間違いをご指摘いただき，正しい説明などをご教示いただければ幸いである。

　末筆ながら，本書の出版をご快諾いただいた松柏社の森信久社長に，心よりお礼申し上げる。森社長のお力添えがなければ，本書が日の目を見ることにはならなかったであろう。重ねて感謝申し上げる次第である。

　2014 年 8 月

　　　　　　　　　　　　　　　　　　　　　　　　　　　著　者

目　次

はしがき　i

第一章　　意味による動詞の分類

はじめに　2
Ⅰ．動詞のアスペクト　8
　Ⅰ.1　二種類の自動詞文　8
　Ⅰ.2　三種類の前置詞句　9
　Ⅰ.3　日本語の複合動詞　13
　Ⅰ.4　二種類の時間の副詞句　15
　Ⅰ.5　The big ship sank. と walk to the station 及び eat a bag of popcorn の共通点　17
　Ⅰ.6　「ナル」型の特徴　19
　Ⅰ.7　まとめ　20
Ⅱ．非対格動詞（使役交替動詞）　23
　Ⅱ.1　使役交替　24
　　Ⅱ.1.1　break と speak の違い　26
　Ⅱ.2　使役交替と状態変化　27
　　Ⅱ.2.1　使役交替動詞の意味特徴　27
　Ⅱ.3　内部原因イベントと外部原因イベント　29
　　Ⅱ.3.1　内部イベント・外部イベント　29
　　Ⅱ.3.2　内部原因イベント再考　33
　　Ⅱ.3.3　The fire burned. と The leaves burned. の違い　35
　　Ⅱ.3.4　外部原因動詞句 clear the table と clear the sky の違い　36
　　Ⅱ.3.5　break his promise と break the window の違い　38

Ⅱ.3.6　open the windowとopen the bank accountの違い　39
　Ⅱ.4　まとめ　40
Ⅲ. stage-level叙述詞とindividual-level叙述詞　44
　Ⅲ.1　stage-levelとindividual-levelの違い　45
　　Ⅲ.1.1　主語の裸複数名詞の意味　45
　　Ⅲ.1.2　STAGEとINDIVIDUALについて　46
　　Ⅲ.1.3　stage-level叙述詞の統語的特徴　50
　Ⅲ.2　同一動詞によるレベルの異なる動詞句　51
　　Ⅲ.2.1　have a good timeとhave blue eyesの違い　52
　　Ⅲ.2.2　be angryとbe tallの違い　52
　Ⅲ.3　STAGEとINDIVIDUALの関係　53
　Ⅲ.4　stage-level叙述詞とindividual-level叙述詞の現れる統語的環境　56
　　Ⅲ.4.1　stage-level叙述詞と時間限定副詞（句・節）の共起関係　56
　　Ⅲ.4.2　stage-level / individual-level叙述詞と場所限定副詞の共起関係　59
　　Ⅲ.4.3　描写二次叙述詞はなぜstage-levelなのか　60
　　Ⅲ.4.4　描写二次叙述詞と主動詞の（意味的制限）関係　62
　　Ⅲ.4.5　There-構文とindividual-level叙述詞の共起関係　63
　Ⅲ.5　裸複数名詞とその指示代名詞の意味　64
　Ⅲ.6　形容詞smartから作られる動詞smartenの意味　65
　Ⅲ.7　主語による同一動詞句のレベル変化　67
　Ⅲ.8　まとめ　69
Ⅳ. 描写二次叙述詞　72
　Ⅳ.1　描写二次叙述詞の特徴　74
　Ⅳ.2　描写二次叙述詞と主動詞（句）の意味関係　77
　　Ⅳ.2.1　付加詞構文の主動詞（句）の特徴　77
　　Ⅳ.2.2　描写二次叙述詞と主動詞（句）の時間関係　79
　　Ⅳ.2.3　付加詞構文における時間的リンク付け　81

Ⅳ.3　まとめ　82

参考文献　83

第二章　意味的・語用論的動詞の分析

はじめに　90
Ⅰ．comeとgoの意味論　94
　Ⅰ.1　「come＋形容詞」と「go＋形容詞」　94
　Ⅰ.2　comeとgoの違いに関して　98
　Ⅰ.3　変化の速度が動詞によって違うことに関して　103
　Ⅰ.4　まとめ　103
Ⅱ．思考・判断・認識を表す動詞に関する意味論　106
　Ⅱ.1　思考・判断・認識を表す動詞に後続するthat補文, to-不定詞補文及び小節　106
　Ⅱ.2　動詞によって選択される補文が違うことに関して　110
　Ⅱ.3　思考・判断・認識を表す動詞とその補文選択の基準　114
　Ⅱ.4　to beが省略される条件　116
　Ⅱ.5　Borkinの"self-initiated, original opinion"の説明をめぐって　117
　Ⅱ.6　to-不定詞補文 vs. 小節補文　119
　Ⅱ.7　その他のto-不定詞補文と小節補文の選択の原理　122
　Ⅱ.8　that補文とto-不定詞補文　123
　Ⅱ.9　まとめ　124
Ⅲ．to-不定詞とV-ing形の意味論　127
　Ⅲ.1　to-不定詞と動名詞　127
　Ⅲ.2　to-不定詞と動名詞の使い分け　130
　Ⅲ.3　「相動詞＋to-不定詞」と「相動詞＋動名詞」の意味の相違に関して　133
　Ⅲ.4　まとめ　135

Ⅳ. for to-不定詞補文，to-不定詞補文 及び that 補文に関して　137
　　Ⅳ.1　概念上の距離と言語上の距離：for-to-不定詞補文と to-不定詞補文を中心に　137
　　Ⅳ.2　to-不定詞補文と that 補文，for-to-不定詞補文と that 補文　142
　　Ⅳ.3　まとめ　145
Ⅴ. 使役文に関して　147
　　Ⅴ.1　使役文の種類　147
　　Ⅴ.2　make と cause に関して　148
　　Ⅴ.3　have 使役文に関して　154
　　Ⅴ.4　get 使役文に関して　157
　　Ⅴ.5　語彙的使役動詞と分析的（迂言的）使役動詞　159
　　Ⅴ.6　まとめ　161

参考文献　166

索　引　170

第一章 意味による動詞の分類

はじめに

　英語動詞（句）を分類する場合，重要なことは，どのような基準において，どのような方法・手段を用いて行われるかである。英語の文（動詞句）を分類する方法で，最も基本的かつ初歩的なのが，5文型に分類する方法である。この分類方法の一つの基準は，動詞の後に名詞句（目的語としての名詞句）があるかどうかで判定される。例えば，ある文の動詞に後続する名詞句が無い場合は，自動詞と分類される。この場合，この文はS＋V文型（第1文型）と呼ばれる。また，後続する名詞句がある場合，その動詞は他動詞と分類され，一つの名詞句が後続する場合，その文はS＋V＋O文型（第3文型）と呼ばれ，二つの名詞句が後続する場合はS＋V＋O＋O文型（第4文型）と呼ばれる。その他に，S＋V型の主語名詞句の叙述を補うS＋V＋C文型（第2文型）と，S＋V＋O型の目的語名詞句の叙述を補うS＋V＋O＋C文型（第5文型）がある。この5文型に分類する方法は，主に形式に基づく方法であり，意味を十分に考慮している分類方法ではない。

(1) 5文型による文分類
　a. S＋V　　　（自動詞）：John ran. / The ship sank.（第1文型）
　b. S＋V＋C　（自動詞）：John became rich. / John fell ill.（第2文型）
　c. S＋V＋O　（他動詞）：John broke the vase. / John sank the ship.（第3文型）
　d. S＋V＋O＋O（他動詞）：John gave me a book.（第4文型）
　e. S＋V＋O＋C（他動詞）：John found the book difficult.（第5文型）

　実際，この5文型による分類方法では，(1a)の二つの文 (John ran.

と The ship sank.）は同一カテゴリー（S＋V 型自動詞文）に属すると見なされる。しかし二つの文には，次の（2）で見られるように，動詞と二つの時間を表す副詞句（in X と for X）との共起関係において大きな違いが見られる。

(2) a. John ran for two hours / *in two hours.
    b. The ship sank *for two hours / in two hours.

（2a）と（2b）は，同じ S＋V 型であるが，（2a）は時間の副詞句 for X とは共起可能であるが，in X とは共起不可能であり，（2b）は逆の共起関係が認められる。なぜ，このような違いが生じるのかは，5 文型に基づく分析では説明できない。従って，5 文型以外の基準を設定し，異なった手段で分析されなければならない。

　また，S＋V＋O 型の（3a）と（3b）についても，同じような疑問が生じる。（3a）は for X と共起可能であり，in X とは共起不可能である。（3b）に見られる共起関係は，その逆である。

(3) a. John pushed a cart for two minutes / *in two minutes.
    b. John built a house *for two minutes / in two minutes.

　この違いを説明するためには，単に形式に基づく文型分析でなく，他の異なった基準による異なった分析が適用される必要がある。それでは，どのような基準を設定すべきであろうか。それは，十分に意味を考慮した基準である。それでは，どのような手段・方法で，これらのことが明らかにされるのであろうか。本章で第一に取り組むのが，この問題である。

　次に取り組む問題は，ある動詞は他動詞にも自動詞にも使用され，ある動詞は他動詞用法のみ，ある動詞は自動詞用法のみの使用しか認められないのは，どのような要因によるかを解明することである。例えば（4）で示されるように，動詞 break, sink は，自動詞用法でも他動詞用

法でも使用可能であるが，(5)で示されるように動詞 cut, kill は，他動詞用法のみが可能であり，(6)で示されるように動詞 run では，自動詞用法のみが可能である。なぜ，動詞によって，このような差が生じるのであろうか。

(4) a. John broke the window.（他動詞用法）/ The window broke.（自動詞用法）
　　b. John sank the ship.（他動詞用法）/ The ship sank.（自動詞用法）
(5) a. John cut the rope.（他動詞用法）/ *The rope cut.（自動詞用法）
　　b. John killed the man.（他動詞用法）/ *The man killed.（自動詞用法）
(6)　　*The trainer ran John.（他動詞用法）/ John ran.（自動詞用法）

また，状態変化を表す（「ナル」型）動詞に関しても，break は自動詞・他動詞の両用法を許す（(7a)(8a)）が，decay は自動詞用法のみを許し（(7b)），他動詞用法を許さない（(8b)）のである。（「ナル」型とは，意味特性 BECOME を持つ動詞句。吉川・友繁（2008：8）参照。）

(7) a. The window broke in a year.　　（break：「ナル」型自動詞）
　　b. The logs decayed in two months.（decay：「ナル」型自動詞）
(8) a. John broke the window.　　　　（break：「ナル」型他動詞）
　　b. *John decayed the logs.　　　　（decay：*「ナル」型他動詞）

さらに，break についても，次の(9)ように他動詞用法は見られるが，自動詞用法は見られない。

(9) a. John broke a promise.
　　b. *A promise broke.

結び付く名詞句が，the windowの場合，(7a)(8a)のように両用法が可能となるが，a promiseの場合，(9b)が示すように自動詞用法は不可能となる。なぜ，同じ動詞であるにもかかわらず，このような用法上での違いが生じるのか。また，どのような（意味）特性を持った動詞が，自動詞としても他動詞としても使用され，どのような特性を持った動詞が，片方の用法しか持たないかを明らかにすることが，二つ目の問題点である。

　この章で取り組む三つ目の問題は，次の(10a)(10b)ような文における冠詞の付かない裸複数名詞（lions）の意味の違いと，(11a)(11b)に見られる容認性の違いを明らかにすることである。(10)(11)の全ての文は状態を表しており，アスペクト（相）的には同じカテゴリーに属する。（アスペクトについては，吉川・友繁（2008：15）参照。）アスペクトを基準とする分類方法では，次の(10a)(10b)の二文におけるlionsの意味の違いや，(11a)(11b)の間の容認性の違いは説明できない。

(10) a. Lions are fierce.
　　 b. Lions are in this park.
(11) a. John was drunk yesterday.
　　 b. *John was tall yesterday.

　(10a)(10b)は，アスペクト的には状態動詞（stative verb）（句）の文と分類される。しかし，この分類基準では，(10a)(10b)の両主語の意味の違いは説明できない。(10a)では，ライオン全てが獰猛であることの叙述であり，他方，(10b)では全てのライオンについて述べているのでなく，眼の前の公園にいる数頭（複数）のライオンについての叙述である。すなわち，(10a)におけるlionsは全てのライオンについての叙述であり，(10b)のlionsは数頭のライオンについての叙述である。なぜ，このような意味の違いが生じるのか。また，この違いはどのような要因によるのであろうか。

　(11a)と(11b)も状態動詞から成る文であるが，両文の容認性の違い

もアスペクトの点からは説明できない。両文の容認性の違いは，他の異なる基準で説明されるべきものであると考えられる。その基準とは，いかなるものかを見，この両文における時の副詞 (yesterday) との共起関係を通して，違いが生じる理由を明らかにする。それにより，両文における動詞句を分類する必要性も明らかになる。

　以上の三つの問題を本章で取り上げ，動詞の分類をどのような意味基準により，どのような方法・手段で行うかを示す。本章で取り上げる三つの問題点を，(12) にまとめておく。

(12) 問題点：(i) 時間の副詞句 for x / in X の共起の違いは，どのような要因によって起こるのか。すなわち，動詞句によって，for Xと共起する場合と in Xと共起する場合があるが，それはどのような要因によるのか。
(ii) ある動詞は自動詞と他動詞両方の用法があり，ある動詞は片方の用法しかないのは，どのような要因によるのか。
(iii) 同じ状態動詞（句）であるにもかかわらず，なぜ，(10a) (10b) では lions の意味に違いが生じるのか。また，(11a) (11b) では容認性の違いが，なぜ生じるのか。

　本章で取り上げた問題を意味に基づいて分析し，動詞の分類を試みようと思う。そうすることによって，新しい事実が判明することを示す。
　本章の最後の節では，第Ⅲ節で取り上げる stage-level と individual-level の違いをもう少し詳しく見てみる。特に，(11a) (11b) の容認性の違いと関連する描写二次叙述詞について見てみることにする。

(13) a. John ate the chickens$_i$ raw$_i$.
　　 b. *John ate the chichens$_i$ large$_i$.
(14) a. I met John$_i$ drunk$_i$.
　　 b. *I met John$_i$ tall$_i$.

(13)(14)で示されるように，描写二次叙述詞として，rawやdrunkのような形容詞は容認されるが，largeやtallのような形容詞は容認されない。すなわち，(11)や(14)で見られるように，(15)や(16)の文脈ではdrunkは容認され，tallは容認されない。それは，なぜか。この疑問・問題を最後の第Ⅳ節で取り組む。(下線部は，形容叙述詞が入る場所。)

(15) John$_i$ was ___$_i$ yesterday.
(16) I met John$_i$ ___$_i$.

以下で，先行研究を参考にしながら，本節で提起した問題を意味に基づいて解明していくことにする。

I. 動詞のアスペクト

　同一文型に分類される動詞（句）であっても，他の点（例えば，共起できる時間の副詞句（in X と for X））で異なる場合がある。そのような場合，どのような基準を用いて，どのような手段・方法で，その違いを示すことができるかを考えてみよう。(Vendler（1967），Dowty（1979），影山（1996），吉川・友繁（2008）参照。)

I.1　二種類の自動詞文

　同一形式を持つ S+V 文型の自動詞の文（自動詞からできている文を，以下自動詞文と略す）であっても，共起する時間の副詞（句）によってその容認性が異なる場合がある。なぜ，このようなことが生じるかを，意味論の観点より見てみることにする。

|問題提起|　John swam. と The big ship sank. の自動詞文には，どのような違いがあり，どのようにその違いが示されるか。

　次の二つの自動詞文において，共起する時間の副詞（句）に違いが見られる。最初に（1a）と（1b）には，どのような違いがあるかを意味の観点より見てみよう。

(1) a. John swam for two hours / *in two hours.
　　b. The big ship sank *for two hours / in two hours.

　意味の面から見ると，（1a）は，John が行った動作・行為を表しており，（1b）は，the big ship が受けた被害・影響を表している。（1a）の John は，swim で表される動作・行為を行う人物である。この場合，

Johnは動詞swimに対して動作主（agent）と呼ばれる意味役割（semantic role）を持つ。(1b)のthe big shipは，sinkで表される被害・影響を受ける対象であり，この場合the big shipは，動詞sinkに対して対象物（theme）と呼ばれる意味役割を持つ。すなわち，意味の面より述べれば，この二つの文の違いは，Johnは動作・行為を行う人物であり，the big shipは影響を受け，状態変化する対象であるということになり，主語の意味役割が異なると言える。

このように，自動詞文には意味の面から見ると，少なくとも二種類ある。すなわち，(1a)のように主語が動作・行為をなす動作主を表す文と，(1b)のように主語が影響を被り，状態変化する対象物を表す文の二種類である。(詳しい分析については，II. 1. 1を参照。)

(2) 二種類の自動詞文：(i)主語に動作主を持つ自動詞文
　　　　　　　　　　(ii)主語に対象物を持つ自動詞文

以下，ある動詞（句）が，動作・行為をなすことを意味する場合，それは，意味特性「スル」を持つとし，ある動詞（句）が，ある状態・位置に到達し，状態・位置変化を表す場合，それは，意味特性「ナル」を持つとする（吉川・友繁 2008）。また，「ナル」の意味特性を持つ動詞（句）は，ある状態・位置に到達することを意味するために，完了アスペクトを持つ動詞（句）と呼ばれ，「スル」の意味特性を持つが「ナル」の意味特性を持たない動詞（句）は，未完了アスペクトを持つ動詞（句）と呼ばれる。

二種類の自動詞文の存在（(2)で表されるような違いの文）は，二つの時間の副詞句（for Xとin X）との共起関係と関わっている。この問題については，完了/未完了アスペクトとの関係で，I. 3で考えることにする。

I.2　三種類の前置詞句

同一の他動詞句を使って作られる文（他動詞から作られる文を以下，

他動詞文と略す）であっても，それに後続する異なる前置詞句によって，共起する時間の副詞（句）に関して違いが見られる。

|問題提起| 他動詞句 push a cart に異なる前置詞句 to the store と toward the store が後続する動詞句 push a cart to the store と push a cart toward the store には，どのような違いがあるか。

次のように，同一の主語，動詞及び目的語からなる二つの他動詞文であっても，それに後続する前置詞句の違いによって，共起する時間の副詞（句）が異なる。

(3) a. John pushed a cart toward the store for two minutes / *in two minutes.
 b. John pushed a cart to the store *for two minutes / in two minutes.

(3a)と(3b)にはどのような違いがあり，その違いはどのように表されるかを考えてみよう。(3a)と(3b)においては，同一の動詞が用いられており，主語も目的語も同一であるために，前半のJohn pushed a cartの部分からは，両文の意味の違いは認められない。この場合の意味の違いは，後続する異なる前置詞句によって生じる（Jackendoff 1990, 影山（編）2001）。まず，この両文の意味にはどのような違いがあるかを，意味論の観点（推論）より見てみよう。

(4) a. John pushed a cart toward the store.
 b. → The cart was not at the store.
 c. John pushed a cart to the store.
 d. → The cart was at the store.

(4a)からは，(4b)が推論され，(4c)からは(4d)が推論される。す

なわち，(4a)はa cartが店に到着したことを必ずしも含意しておらず，(4c)は必ずa cartが店に到着したことを含意している。この違いは，他動詞文 John pushed a cart. に後続する前置詞句の意味で表される。すなわち，前置詞句 toward the store は経路を表しており，方向を指し示すだけで，位置変化（すなわち，店への到着）を意味しておらず，他方，前置詞句 to the store は着点を意味し，位置変化（店への到着）を意味している。

(5) 二つの前置詞句：(i) 経路を表す前置詞句 (toward the store, along the street)
　　　　　　　　　(ii) 着点（位置変化）を表す前置詞句 (to the store, across the street)

その他に，動詞（句）が同じでも，on the desk と onto the desk のような前置詞句が後続すれば，違いが生じる。

(6) a. John jumped on the desk for a minute / *in a minute.
　　b. John jumped onto the desk *for a minute / in a minute.

(6a) と (6b) の自動詞文には，次のように意味の面で違いが見られる。(6a) は，机の上でのジャンプという行為・動作を表しており，(6b) は，机の下から机の上へ飛び乗ったことを表している。(6a) の前置詞句はジャンプした行為の場所を表し，(6b) の前置詞句はジャンプした結果，到達した位置を表している。この違いは，(6a)(6b) の文を日本語に直すと，より明らかになる。

(7) a. (6a) ⇔ 机の上で飛んだ。
　　b. (6b) ⇔ 机の上に飛び乗った。

(7a) と (7b) の日本語の違いは，次のようになる。(7a) は，机の上

でのジャンプの行為のみを表しており，(7b) は，ジョンはジャンプ前には机の下におり，ジャンプした結果，ジョンは机の上に乗ったことを表している。すなわち，(7b) は，ジャンプの行為と机の上に乗った状態変化の二つの出来事を表している。以上のように，(6a) の前置詞句は，ジョンの行為・動作がなされた場所を表しており，(6b) の前置詞句は到達した場所（着点）を表している。

　ここで注意すべき点がある。それは，同じ前置詞句でも，着点を表す場合と，行為の場所を表す場合がある点である。その一例は，前置詞句 under the desk で，次の (8a) に見られるように，行為の場所を表す場合（「机の下で」）と，(8b) で見られるように着点を表す場合（「机の下へ」）とがある。

(8) a. My baby played under the desk.（机の下で遊んだ。）
　　b. My baby crawled under the desk.（机の下まで（へ）這って行った。）

以上で示したように，前置詞句には三つの用法がある。

(9) 前置詞（句）の用法：
　(i) 経路を表す前置詞句
　　　along the street, toward the store, through the tunnel
　(ii) 着点を表す前置詞句
　　　to the store, across the street, onto the desk, under the desk
　(iii)（行為・行動がなされる）場所を表す前置詞句
　　　in the park, on the desk, under the desk

　着点を表す前置詞句は，意味論の観点より述べれば，到達を意味するため，状態・位置変化を表し，「ナル」の意味特性を持つ。

I.3　日本語の複合動詞

I.2節で見られたようなアスペクトの違い（完了/未完了アスペクトの違い）は，どのような日本語で表されるのかを，もう少し詳しく見てみよう。（完了アスペクトを表すとは，状態・位置変化を表す「ナル」特性を持つことを言う。）

|問題提起|　John walked toward the station. と John walked to the station. の違い（完了/未完了アスペクトの違い）は，どのような違いとして日本語に表されるか。

次の例文に見られる二つの動詞句 walk toward the station と walk to the station の意味の違いは，日本語でどのように表されるかを見てみよう。

(10) a.　John walked toward the station.
　　 b.　John walked to the station.

(10a) と (10b) の間における大きな意味の違いは，ジョンが駅に到着したかどうか（すなわち，一つの出来事が完了したかどうか）である。この意味の違いは，日本語においてはっきりと語彙で示される（語彙化される）。両文を，日本語に直した場合，次のようになる。

(11) a.　John walked toward the station. ⇔ ジョンは駅の方へ歩いた。
　　 b.　John walked to the station. ⇔ ジョンは駅に歩いて行った。

状態・位置変化の到着（点）を含意する場合（完了アスペクトを表す場合）とそうでない場合（未完了アスペクトを表す場合）では，日本語では語彙においてその違いが顕著に現れる。到着が含意される場合は，到着を意味する動詞『行く』が動作動詞『歩く』の後に挿入され，含意されない場合は，その動詞『行く』の挿入はない。到達が含意される場合

I.　動詞のアスペクト　13

は，日本語では動作プラス到達の意味の複合動詞型で表される。(11b)のような到達の意味を表す文は，完了アスペクト文と呼ばれ，動作を表す「スル」の意味特性を持つ『歩く』と，到達を表す「ナル」の意味特性を持つ『行く』の複合型で表される。

このような違いは，次のような二文にも現れる。

(12) a. John ate popcorn.
　　　b. John ate a bag of popcorn.

(12a)と(12b)の意味の違いも，次のようになる。(12a)からは出来事が完了したことの意味は含意されず，ポップコーンが無くなったこと(状態変化)を意味しない。この場合，動作のみを表し，意味特性「スル」のみを表す文である。一方，(12b)からは，動詞句が表す動作・行為は，ある時点(すなわち，最終到達点)で完了し，ポップコーンが無くなったことが含意され，(12b)は意味特性「スル」と「ナル」を表す完了アスペクト文である。この両者の違いは，次のような日本語の違いとして表される。

(13) a. ジョンはポップコーンを食べた。(「スル」型)(＝(12a))
　　　b. ジョンは一袋のポップコーンを食べ終えた(食べてしまった)。
　　　　(「スル＋ナル」型)(＝(12b))

ポップコーンが無くなった意味が含意される完了アスペクト文の場合には，意味特性「ナル」が『終える(しまう)』として語彙化され，『食べ終えた(てしまった)』のように動作動詞『食べる』と結び付く。含意されない場合は『終える(しまう)』の意味は入らない。すなわち，行為・動作によってあることが達成された場合，日本語では行為・動作を表す動詞と到達を表す動詞から成る複合動詞句によって表現される。具体的には，以下のようになる。

(14) a. （駅の方へ）歩いた ⇔ John walked toward the station.（「スル」型）
   b. （駅に）歩く＋行った（複合動詞句）⇔ John walked to the station.（「スル＋ナル」型）
(15) a. （ポップコーンを）食べた ⇔ John ate popcorn.
   b. （一袋のポップコーンを）食べる＋終えた（複合動詞句）⇔ John ate a bag of popcorn.
(16) a. （机の上で）ジャンプした ⇔ John jumped on the desk.
   b. （机の上に）飛ぶ＋乗った（複合動詞句）⇔ John jumped onto the desk.

ある行為によってある最終到達点に到達し，その時点で状態・位置変化が生じた場合，その変化を表すのに，日本語ではそのことが語彙で示され，全体として複合型（動作＋到達）の動詞句となる。

I.4　二種類の時間の副詞句

ここで，二種類の時間の副詞句 in X と for X について見てみよう。

問題提起　時間の副詞句 in X と for X には，どのような意味の違いがあるか。

最初に，この二つの時間の副詞句が，完了/未完了アスペクトの文とどのように関係するかを見てみよう。

(17) a. John walked toward the station.
   b. John walked to the station.

(17a)(17b)の文を，次の(18a)(19a)や(18b)(19b)のような疑問で問うた場合，容認性について差が見られる。

（18） a. How long did John walk toward the station ?
　　　 b. *How long did it take John to walk toward the station ?
（19） a. *How long did John walk to the station ?
　　　 b. How long did it take John to walk to the station ?

出来事の時間を測る方法には，How long did John VP？（(A 型) と略す）と How long did it take John to VP？（(B 型) と略す）がある。(A 型) の疑問形は動作の継続時間を測り，(B 型) の疑問形はある出来事が終了するまでに要した時間を測る。これらの疑問形で時間を測った場合，(18a)(19b) が容認可能であり，(18b)(19a) が容認不可能となる。従って，(17a) は動作を表しており，(17b) は完了した出来事を表していることになる。このことは，時間の副詞句 in X と for X にも当てはまる。副詞句 in X は，(B 型) の疑問に対する答えで，出来事が完了するまでの時間を表し，for X は，(A 型) の疑問に対する答えで，動作の継続時間を表す副詞句である。

（20） a. John walked toward the store for five minutes / *in five minutes.
　　　 b. John walked to the store in five minutes / *for five minutes.

この in X と for X の違いは，日本語に直した場合にも現れる。

（21） a. in X ⇔ 何時間（内）で（何分で）(出来事の完了するまでに要した時間を表す。)
　　　 b. for X ⇔ 何時間（何分の間）(継続時間を表す。)

すなわち，次の (22b)(23b) の完了アスペクト（「ナル」型）の文では，「何分で」と共起し，「何分間」とは共起せず，(22a)(23a) の未完了アスペクトの文（「ナル」の意味特性を持たない「スル」型の文）では，こ

の逆が成り立つ。

(22) a. ジョンは，駅の方向へ　5分間 / *5分で　歩いた。
　　 b. ジョンは，駅に *5分間 / 5分で　歩いて行った。
(23) a. ジョンは，ポップコーンを　5分間 / *5分で　食べた。
　　 b. ジョンは，一袋のポップコーンを *5分間 / 5分で　食べ終えた。

以上のことより，時間の副詞句 in X と for X によって，動詞句の分類ができることがわかる。継続動作を表す動詞句（「スル」型）は，時間の副詞句 for X と共起可能であり，出来事の完了を表す動詞句（「ナル」型）は，in X と共起可能となる。この結果，時間の副詞句 in X は，この副詞句と共起可能な場合，出来事の完了を表す動詞句（すなわち，意味特性「ナル」を持つ動詞句）であることを判定する方法・手段となる。

(24) 時間の副詞句 in X（X時間で）は，意味特性「ナル」を持つ（完了アスペクトを表す）動詞句・文であることを判定する方法・手段である。

I.5　The big ship sank. と walk to the station 及び eat a bag of popcorn の共通点

完了アスペクトは，どのような要素，もしくは，どのような要因によって表されるかを，次に見てみよう。（Tenny (1994) 参照。）

問題提起　次の三つの文 (25a) (25b) (25c) が，「ナル」特性を表す上で共通する点は何か。「ナル」型を特徴づけている要因は何か。

(25) a. The big ship sank in two hours.
　　 b. John walked to the station in two hours.
　　 c. John ate a bag of popcorn in two hours.

  d. John ran in the park for two hours.
  e. John walked toward the station for two hours.
  f. John ate popcorn for two hours.

　上の三つの文（25a）（25b）（25c）は，時間の副詞句 in Xと共起できる「ナル」型である完了アスペクトを表す文である。この完了アスペクトは，どのようなことで表されるか。また，三つの文に共通する特徴とは，どのようなものであろうか。

　完了アスペクト文（25b）と未完了アスペクト文（25e）を比較した場合，どのような違いがあるかを，歩いた距離の観点より見てみよう。（25b）では，駅が最終到達点を表しているために，その駅までの歩く距離は限られた一定の距離となる。他方，（25e）では，駅への方向を表しているが，最終到達点が明白でない。そのため，歩く距離は限られた距離とならない。従って，（25b）と（25e）の違いは，歩く距離が限られた一定の距離であるかどうかによって生じる。

　同様のことが，（25c）と（25f）の違いにも見られる。一袋のポップコーンは，限られた一定の量である。（25c）ではその一袋のポップコーンが無くなった時点が，最終到達点である。（25f）では，食べるポップコーンの量に制限が設けられていない。限られた一定の量の物に対しては，無くなることが可能で，いずれ最終到達点（ポップコーンが無くなる点）に到達することができ，その時点で食べる行為は完了する。しかし，量が限られてない場合は，食べる量が定まっていないために，食べる行為がいつ終了・完了するかわからない。（25c）と（25f）の違いは，ポップコーンが限られた一定の量であるか否かにある。この場合の完了/未完了の違いは，食べるポップコーンの量が限られているか否かによって表される。

　それでは，（25a）と（25d）における完了/未完了アスペクトの違いは，どのようなことで表されるかを考えてみよう。（25d）においては，走る目的地（すなわち，最終到達点）がないため，走る距離は定まっていない。すなわち，（25d）は，目的地までの一定の距離を走り終えたこと

（完了アスペクト）を表すのでなく，走る距離に関係なく走る行為を継続したこと（未完了アスペクト）を表している。一方，(25a)の「船が沈む」場合，その船が完全に水の中に入った状態が最終到達点で，船が沈んだ状態と考えられる。船の大きさには限界があるので，船が沈むという過程は時間の変化と共に，徐々に進行していき，最終的に完全に水面下に入ることになる。その時点で，「船が沈む」という出来事は完了する。

　以上のように，出来事が完了するためには，最終到達点があり，その存在により到達点に至るまでの動作・活動・過程の量が，限られるという共通点が見られる。また，最終到達点を境にして，状態・位置変化が生じる。(25a) (25c)では状態変化が発生しており，(25b)では位置変化が生じている。この状態・位置変化が(25a) (25b) (25c)の文に共通した意味特性（「ナル」で表される特性）である。そして，位置・状態変化を表す「ナル」特性を持つ場合のみ，時間の副詞句 in X と共起すると言える。

　以上のことより，「ナル」型を特徴づける要因は，行為・動作・過程を量的に制限する要素が存在することである。

(26)「ナル」型の特徴：行為・行動・過程を量的に制限する要素がある。

I.6 「ナル」型の特徴

　この第Ⅰ節を終わる前に，行為・行動等を量的に制限する要因について，もう少し見てみよう。

問題提起　具体例として，次の(27a) (27b)の意味の違いと，(28a) (28b)の容認性の違いは，どのような要因によるのか。

(27) a. 太郎は，本を読んだ。
　　 b. 太郎は，一冊の本を読んだ。

(28) a. ??? 太郎は，本を読み上げた。
　　 b. 太郎は，一冊の本を読み上げた（読み終えた）。

　(27a)の「本」は，ある定まったページ数を持つ本を意味しないので，(27a)の意味はページ数に関係なく「太郎は読書をした」ことを表している。一方，(27b)の「一冊の本」は，ある定まったページ数（一定のページ数）を持つ本を意味するため，(27b)の意味は，「太郎はその本を最後まで読んだ」ことを表している。すなわち，(27a)は未完了アスペクトの継続活動を表し，(27b)は完了アスペクトの出来事を表している。(27a)と(27b)の違いは，「本」が一定のページ数を持つ本であることを表しているかどうかによって生じる。
　(28b)の「読み上げた」は，完了アスペクトを表す複合動詞句である。そのために，ページ数が限定され，最終到達点が明白である「一冊の本」と意味的に整合し，共起可能となる。他方，この複合動詞句はページ数が限定されていない，最終到達点が明白でない「本」とは整合せず，(28a)が示すように共起の可能性はいちじるしく下がる。
　以上のことより，動作「読む」を量的に制限しているのは，ある定まったページ数を持つ「一冊の本」である。ある定まったページ数を持つ「一冊の本」が，量的制限をする要因となって，完了アスペクトを表すと言える。

(29) a. 太郎は，本を 一時間 / *一時間で 読んだ。（＝太郎は，一時間読書した。）
　　 b. 太郎は，一冊の本を *一時間 / 一時間で 読んだ。（＝太郎は，一時間でその本を最後まで読んだ。／ 一時間でその本を読み上げた。）

I.7 まとめ

　以上のことをまとめると，アスペクトに基づいて動詞（句）を分類する場合，次のような基準及び分類手段・方法による。

(31) a. アスペクトに基づく動詞分類の基準：動詞の意味に完了の意味（意味特性「ナル」）が含まれているか否か。
   b. 分類手段：時間の副詞句 in X（X 時間で）と共起可能かどうか。可能な場合，完了の「ナル」の意味が存在する。

意味特性「スル」と「ナル」に基づいて動詞句を分類すれば，次のようになる。（詳細については，吉川・友繁（2008）参照。）

(32) a. （－スル）（－ナル）（＝状態動詞句）：
     be tall, be drunk, know the fact, be in the park, be intelligent
   b. （＋スル）（－ナル）（＝活動動詞句）：
     run in the park, walk toward the store, swim in the pond
     駅の方に歩く，本を読む，机の上で飛ぶ，公園内で走る
   c. （－スル）（＋ナル）（－到達動詞句）：
     arrive at the station, break in a minute（break の自動詞用法），sink in two hours（sink の自動詞用法）
   d. （＋スル）（＋ナル）（＝達成動詞句）：
     go to the store, build a house, bake a cake, sink the ship（sink の他動詞用法），break a window（break の他動詞用法）
     一冊の本を読み終える，一袋のポップコーンを食べ終える，駅に歩いて行く，机の上に飛び乗る，公園へ走って入る

練習課題 次の（1a）と（1b）の意味の違いを，意味特性「スル」「ナル」に基づいて説明しなさい。

(1) a. John swam in the big lake.
   b. The big ship sank in the big lake.

練習課題　次の (2a) と (2b) の意味の違いを，意味特性「スル」「ナル」に基づいて説明しなさい。また，その違いが，日本語でどのような表現で表されるかを示しなさい。

(2) a. John ran in the park.
　　b. John ran into the park.

練習課題　次の (3a) と (3b) の違いを，意味特性「スル」「ナル」に基づいて説明しなさい。また，その違いが，日本語でどのような違いとして表されるかを示しなさい。

(3) a. John painted the house.
　　b. John painted the house white.

練習課題　次の (4a) は，(4b)(4c) のように二通りに解釈可能である。その二つの解釈の違いが，日本語でどのような違いとして表されるかを示しなさい。

(4) a. Mary swam around the island.
　　b. Mary swam around the island for an hour.
　　c. Mary swam around the island in an hour.

(ヒント) 時間の副詞句 in an hour と for an hour が結び付いた時，文 Mary swam around the island. の意味の違いが，どのような日本語の違いとして表されるか。

II. 非対格動詞（使役交替動詞）

　英語の自動詞としての用法と他動詞としての用法には，riseとraise，lieとlayのように，自動詞と他動詞を形態的な違いで区別する場合がある。また，形態的に同じ動詞が，自動詞と他動詞の両用法で可能な場合もある。同一形態動詞で自動詞と他動詞の両用法が可能な場合，それは，自・他交替（transitivity alternation）と呼ばれる。また，自動詞用法もしくは他動詞用法の，いずれか片方のみの用法しか持たない場合もある。(Voorst (1988), Levin and Rappaport (1995), 影山 (1996), 丸田 (1998), 小野 (2005) 参照。) 以下に例を挙げる。

(1) 自・他動詞用法可（自・他交替可）:
　　a.　The window broke. / John broke the window.
　　b.　The door opened. / John opened the door.
(2) 自動詞用法のみ可:
　　a.　John ran. / *The trainer ran John.
　　b.　The log decayed. / *The bad weather decayed the log.
(3) 他動詞用法のみ可:
　　a.　*The bread cut. / John cut the bread.
　　b.　*A letter wrote. / Pat wrote a letter.

　ある動詞は同一形態で自・他動詞の両用法が可（自・他交替可）で，ある動詞は一方のみの用法しか可能でない。このような違いは，なぜ生じるのであろうか。また，それはどのような要因によるのであろうか。
　また，自・他交替可の動詞break, openであっても，結び付く名詞句によって，片方の用法（すなわち，自動詞用法）で容認不可能となる場合がある。

(4) a. John broke the window. / The window broke.
　　b. John broke his promise. / *His promise broke.
(5) a. John opened the door. / The door opened.
　　b. John opened the bank account. / *The bank account opened.

　（4a）のようにbreakがthe windowと結び付いた場合，両用法で容認可能となるが，（4b）のようにhis promiseと結び付いた場合，自動詞用法は容認不可能となる。openの場合も同様なことが言える（Voorst（1988），Levin and Rappaport（1995）（以下，L&R（1995）と略す））。すなわち，the doorと結び付いた場合，両用法で容認可能となるが，the bank accountと結び付いた場合は，自動詞用法は不可能となる。なぜ，このようなことが生じるのか。これらの疑問を意味の面より説明することにする。

II.1　使役交替

　最初に，自・他交替可能な動詞で，他動詞用法と自動詞用法がどのような関係にあるかを見てみよう。この両用法の間に使役関係（原因・結果の関係）が成立する場合，使役交替（causative alternation）が成り立つという。自動詞用法の主語と他動詞用法の目的語は，動詞の項（argument）と呼ばれるものである。この二つの項（主語と目的語）が，両用法でどのような意味関係にあるか（すなわち，どのような意味役割をなしているか）を見てみよう。

|問題提起|　使役交替が成り立つのは，動詞と項（主語と目的語）がどのような意味関係にある場合か。

　同一形態の動詞で自動詞用法と他動詞用法が可能（自・他交替可能）であり，その両用法が次のような意味関係にある場合，使役交替の関係にあると言う（Jackendoff 1990, L&R 1995, 影山 1996, 丸田 1998）。

(6) 使役交替：他動詞用法 = cause to + 自動詞用法

　この場合，自動詞用法の主語が，他動詞用法の目的語と同じ意味関係にあり，同じ意味役割を持つ。すなわち，自動詞用法の主語も，他動詞用法の目的語も，何らかの外部からの影響を受け，変化する対象を表す対象物の意味役割を持つ。(前節 I. 1 を参照。) この場合の自動詞用法の動詞は，非対格 (自) 動詞 (unaccusative verb) と呼ばれる。

(7) a. Pat broke the window.
　　b. The window broke.
(8) a. Antonia opened the door.
　　b. The door opened.
(9) a. Tracy sank the ship.
　　b. The ship sank.

　(7b) の主語 the window と (7a) の目的語 the window は，break で表される変化を被る対象であり，同一の意味役割が与えられ，(7a) と (7b) の意味関係は，次の (10) のようになる。同じことが，また，(8) (9) にも当てはまる。

(10) (7a) = Pat cause to + the window break (= (7b))
(11) (8a) = Antonia cause to + the door open (= (8b))
(12) (9a) = Tracy cause to + the ship sink (= (9b))

　しかし，speak, play, laugh のような動詞は，(6) のような意味関係にはなく，同一動詞による他動詞用法はない。これらの動詞を使役的に使うためには，統語的使役動詞 (make, have, let, cause) を使い，(13c) (14c) (15c) のように使役構文にする必要がある。

(13) a. The actor spoke.

II. 非対格動詞（使役交替動詞）　25

     b. *The director spoke the actor.

     c. The director made the actor speak.

(14) a. The children played.

     b. *The teacher played the children.

     c. The teacher made the children play.

(15) a. The crowd laughed.

     b. *The comedian laughed the crowd.

     c. The comedian made the crowd laugh.

II.1.1　breakとspeakの違い

　使役交替可能な動詞とそうでない動詞は，どのような点で違いが見られるか。また，その違いは，特に意味の面でどのような違いとして現れるかを見てみよう。

|問題提起|　breakのような使役交替動詞とspeakのような使役交替できない動詞を分ける要因となるものは，どのようなものか。

　動詞breakとspeakを例にとり，両動詞の違いを意味の面より見，使役交替の可能性を探ってみよう。

(16) a. The window broke.

     b. The actor spoke.

(17) a. The window broke in / *for a minute.

     b. The actor spoke *in / for a minute.

　アスペクトの面で両動詞の違いが見られる（Vendler 1967, Dowty 1979）。(17a)が示すように，自動詞用法でのbreakは状態変化を表す（「ナル」型）動詞であり，(17b)が示すように，speakは活動を表す（「スル」型）動詞である。（第I節「動詞のアスペクト」を参照。）breakと同じように状態変化を表す動詞（verbs of change of state）には，他に

open, sink がある。そして speak と同じように，変化を表すのでなく，人を主語とする活動を表す動詞（agentive verbs）には，その他に walk, run, play, laugh がある。自動詞は，意味の観点より大きく（18）のように二つに分けられる。break, open のような状態変化を表す自動詞は非対格（自）動詞と呼ばれ，walk, run のような活動を表す自動詞は非能格（自）動詞（unergative verb）と呼ばれ，区別される（L&R（1995））。（Ⅰ.1 を参照。）

(18) a. 状態変化を表す自動詞（非対格（自）動詞）：break, sink, open, dry
b. 活動を表す自動詞（非能格（自）動詞）：play, speak, laugh, walk, run

ここで注意を要する動詞がある。それは，状態変化を表す自動詞ではあるが，非対格自動詞である break や open と同じカテゴリーに分類されない動詞である。そのような動詞に，decay, bloom 等がある。これらの動詞について，次のⅡ.2 で見てみることにする。

Ⅱ.2 使役交替と状態変化

前節Ⅱ.1 で見たように，使役交替可能の第一条件は，対象となる動詞が状態変化を表す動詞であることである。しかし，全ての状態変化動詞が使役交替動詞になりえるのであろうか。どのような意味特性を持つ動詞が，使役交替が可能となりえるかを詳しく見てみよう。

Ⅱ.2.1 使役交替動詞の意味特徴

使役交替動詞のクラスは状態変化動詞であるが，状態変化動詞の全てが使役交替可能な動詞である訳ではないようだ。状態変化動詞のうちで，特にどのような意味特徴を持つ動詞が，使役交替動詞になりえるかを見てみよう。

問題提起 どのような状態変化動詞（句）が，使役交替不可能な動詞か。

　全ての状態変化動詞が，使役交替可能となりえるのであろうか。結論から言えば，状態変化を表す全ての自動詞が，使役他動詞用法を持つとは言えない。例えば，decay, bloom は，状態変化を表す動詞であるが，使役交替動詞ではない。すなわち，これらの動詞は状態変化動詞であり，次のような自動詞用法は可能であるが，他動詞用法は不可能である。

(19) a. The cactus bloomed early.
　　 b. *The gardener bloomed the cactus early.
　　 c. *The warm weather bloomed the cactus early.
　　　　　　　　　　　　　　　　　　（L&R 1995：97）
(20) a. The logs decayed.
　　 b. * The rangers decayed the logs.
　　 c. *The bad weather decayed the logs.
　　　　　　　　　　　　　　　　　　（L&R 1995：97）

　また，状態変化を表す全ての他動詞が，自動詞用法を持つのであろうか。答えは，そのようではないようだ。例えば，cut, murder, write が，その代表的な動詞である。

(21) a. The baker cut the bread.
　　 b. *The bread cut.
(22) a. The assassin murdered the senator.
　　 b. *The senator murdered.
(23) a. John just wrote a new novel.
　　 b. *A new novel wrote.

　以上のように，全ての状態変化動詞が自動詞用法と他動詞用法の両用法を許す訳ではない。decay のような状態変化動詞は自動詞用法のみが

28　第一章　意味による動詞の分類

可能であり，cut のような状態変化動詞は他動詞用法のみが可能である。すなわち，全ての状態変化動詞が，使役交替可能である訳ではない。それでは，どのような意味特性を表す動詞が，両用法が可能な使役交替動詞になりえるのか。この問題に取り組むにあたって，自動詞用法のみ可能な動詞，他動詞用法のみ可能な動詞，そして，両用法の可能な動詞が表すイベント（出来事）の内容と，そのイベントを引き起こす原因の内容（中身）を以下で見てみよう。そして，どのような原因が使役交替に関ってくるかを見てみよう。

II.3　内部原因イベントと外部原因イベント

この節では，動詞によって描写されるイベントが，どのような原因で引き起こされるかを見てみよう。まず，動詞によって表されるイベントを引き起こす原因は，どのようなものであるかを調べてみることにする。

II.3.1　内部イベント・外部イベント

動詞（句）が表すイベントは，イベントを引き起こす原因によって内部原因イベントと外部原因イベントに分けられる。内部／外部原因イベントとは，どのような内容を持つイベントであるかをここで見てみよう。

|問題提起|　内部原因イベントと外部原因イベントとは，どのようなイベントか。また，各イベントが表す内容とは，どのようなものか。

例えば，glitter（ぴかぴか光る），sparkle（輝く），shudder（身震いする）のような自動詞は，各動詞の主語（項）が持つ固有の内的特性によって引き起こされるイベントを描写している。

(24) a. The jewels glittered / sparkled.
　　 b. Mary shuddered.

これらの動詞は，主語が持つ固有の特性によって引き起こされるイベントを表す。そのために，主語に対して動詞は強い（選択）制限を課し，限られたものしか主語としての資格が与えられない。すなわち，glitter, sparkleのような動詞に対しては，それらの主語が持つ固有の特性が，動詞の描写するイベントを生じさせる力を持っていなければならない。shudder, playのような動詞の主語は，その行為をなす意志や力を持つもの（動作主）でなくてはならない。従って，意志や力のないものは，これらの動詞の主語にはなれないと言える。

　また，glitterやshudderが描写するイベントを生じさせているのは，動詞の主語（項）が持つ内的特性による。glitterの場合，the jewelsが内部に持つ自然力により，また，shudderの場合，Maryが内部に持つ意志や力によって，動詞が表すイベントを生じさせている。glitterもshudderも項の内部に持つ力によって，動詞が表すイベントを生じさせている。この場合のイベントを内部原因イベントと呼び，そのようなイベントを表す動詞を内部原因動詞と呼ぶ（L&R 1995）。

　内部原因動詞とは対照的に，動詞によって描写されるイベントを生じさせる直接の原因が，外部にあることを含意する動詞がある。そのような動詞は，外部原因動詞と呼ばれる。その外部原因には特に制限がなく，動作主の意志や力であっても自然の力であってもよい動詞と，外部原因に制限がある動詞がある。前者のような動詞の代表は，breakである。

(25) a. The window broke.
　　 b. John broke the window.（主語（John＝動作主）の力）
　　 c. The storm broke the window.（主語（the storm＝自然）の力）

　breakが自動詞として使用された場合，その変化の原因が明らかに示されなくても，対象イベントが生じるためには外部的な力が存在すると考えられる。そして，その外部的原因（外部からの力）がなくては，その動詞によって描写されるイベントは起こらないと考えられる。すなわち，breakのような動詞が描写するイベントは，そのイベントを生じさ

せる原因が外部にあり，その原因がなくては起こりえない。このようなイベントは外部原因イベントと呼ばれ，このようなイベントを描写するのが外部原因動詞である。

(26) a. 内部原因イベント：項（主語）の持つ内部力によって，引き起こされるイベント。強い選択制限が項（主語）に課せられる。

　　 b. 外部原因イベント：外部よりもたらされた力（動作主の力もしくは，自然の力）によって，引き起こされるイベント。

次に，内部原因イベント及び外部原因イベントが表す動詞にはどのような動詞があり，それらの動詞にはどのような特徴があるかを具体的に見てみよう。

問題提起　内部・外部原因イベントを表す動詞には，どのような動詞があるか。

(27) a. The logs decayed.
　　 b. *The rangers decayed the logs.
　　 c. *The bad weather decayed the logs.
　　　　　　　　　　　　　　　　　　　　（L&R 1995：97）
(28) a. The cactus bloomed early.
　　 b. *The gardener bloomed the cactus early.
　　 c. *The warm weather bloomed the cactus early.
　　　　　　　　　　　　　　　　　　　　（L&R 1995：97）
(29) a. *The senator assassinated / murdered.
　　 b. The terrorist assassinated / murdered the senator.
　　 c. *The explosion assassinated / murdered the senator.
(30) a. *A new novel wrote.
　　 b. Anita Brookner wrote a new novel.

　　　　c. *My anger wrote a new novel.

　　　　　　　　　　　　　　　　　　　　（L&R 1995：102）

(31)　a. *The bread cut.

　　　b. The cook cut the bread.

　　　c. *The lightning cut the clothesline.

(32)　a. The sugar caramelized.

　　　b. The cook caramelized the sugar.

　　　c. The intense heat caramelized the sugar.

　　　　　　　　　　　　　　　　　　　　（L&R 1995：104）

(33)　a. The windows broke.

　　　b. John broke the windows.

　　　c. The storm broke the windows.

　decayとbloomは意味的には状態変化を表し，統語的には主語に動作主や自然力をとる他動詞用法が不可能であり，自動詞用法のみが可能な動詞である。この場合，動詞とただ一つの項である主語との間に，強い選択制限が存在する。すなわち，これらの動詞の単一項（主語）は，その項自体に動詞の描写するイベントを生じさせる特性・力を内部に持っているものに限定され，これらの動詞は，その内部力によって生じるイベント（内部原因イベント）を表している。

　(29)(30)(31)が示すように，assassinate, murder, write, cutは自動詞用法が不可能で，他動詞用法のみが可能で，主語に動作主をとり，自然力を主語にとることができない。これらの動詞が描写するイベントを生じさせるには，動作主が持つ力を必要とする。すなわち，項（主語）が動作主の意味役割を持ち，これらの動詞が描写するイベントを生じさせるのは，外部の動作主の力による。そのために，動詞と項（主語）の間には選択制限（これらの動詞は，行動・動作を起こす人間を主語にとるという制限）が存在する。これらの動詞によって表されるイベントは，外部原因を動作主の力に限定される。

　以上の動詞とは対照的に，caramelize, breakは，主語に動作主だけ

でなく，自然力をもとることができる。この場合，動詞が描写するイベントは，外部の力によって生じ，その生じさせる原因に制限はない。すなわち，これらのイベントは動作主の力に限定されない外部力で生じ，動詞と項（主語）の間に特別な選択制限はないと言える。この場合のみ，(32)(33)が示すように，使役交替が可能である。以上のことより，内部原因イベントと外部原因イベント及び主語に対しての選択制限により，(27)〜(33)の各動詞は次のように特徴づけられ，使役交替の可能性が推測される。

(34) a. decay, bloom：内部原因動詞（使役交替不可）
 b. assassinate, murder, write, cut：主語に対して選択制限のある（主語が動作主に限定された）外部原因動詞（使役交替不可）
 c. caramelize, break：主語に対して選択制限のない（主語が動作主に限定されない）外部原因動詞（使役交替可能）

II.3.2　内部原因イベント再考

内部原因イベントの意味的特徴を，もう少し詳しく見てみよう。

問題提起　内部原因イベントとは，どのような意味特性を持つイベントか。

使役交替動詞は，外部原因動詞である。しかし，外部原因動詞であっても，cut, murder, write 等使役交替が不可能な動詞がある。また，全ての外部原因動詞は状態変化動詞であるが，全ての状態変化動詞が外部原因動詞とは限らない。すなわち，（使役交替動詞である）外部原因動詞と状態変化動詞を同一視することはできない。状態変化動詞であるが，外部原因動詞でない動詞は，decay, bloom 等である。

(35) a. The logs decayed.
 b. The cactus bloomed early.

(decay, bloom：状態変化動詞で，(外部原因でなく) 内部原因動詞)

　これらの動詞は，状態変化を表すが，使役交替動詞 (break, open) とは区別される。break, openのような動詞が表す変化は，外部の力・原因を必要とする。しかし，decay, bloomのような動詞が表すイベントの変化は，(36b)(36c) が示すように，外部の力によって生じるのではなく，(35a)(35b) が示すように，その項 (主語) の内部の力によって生じる変化である。

(36) a. The storm broke the window.
　　　b. *The bad weather decayed the logs.
　　　c. *The warm weather bloomed the cactus early.

　decay, bloomで表される状態変化は，外部の力によって引き起こされる変化でなく，the logsやthe cactusが持つ固有の展開 (すなわち，内部に持つ力) によって起こる変化である。このような動詞が，内部原因動詞である。また，内部・外部原因を基準にすれば，主語に動作主をとる非能格動詞 (play, laugh) も同じ部類に入る。動詞 play, laughは，主語の内的能力によって生じる活動を表すので，内部原因動詞と考えられる。しかし，play, laughは活動を表す「スル」型であり，decay, bloomは変化を表す「ナル」型であり，playとdecayは同じ内部原因動詞であるが，アスペクトにおいて異なる。decayは内部力による変化を表す動詞であり，playは内部力による活動・運動を表す動詞である。

(37) a. 内部原因・活動 (「スル」型) 動詞：play, laugh, run, walk
　　　b. 内部原因・状態変化 (「ナル」型) 動詞：decay, bloom

　次に，同一動詞で主語及び目的語の違いによって，内部原因動詞になったり，外部原因動詞になる例を見，その違いが使役交替に関わってい

ることを見てみよう。

II.3.3 The fire burned. と The leaves burned. の違い

一つの動詞が，内部原因動詞及び外部原因動詞として使用される場合がある。その一例がburnで，その原因の違いが，使役交替可能性と関わっていることを見てみよう。

問題提起　The fire burned. と The leaves burned. には，どのような違いがあるか。

burnは，結び付く主語次第で，内部原因イベント，あるいは外部原因イベントのいずれかを表すことができる。

(38) a. The fire burned.
    b. The leaves burned.

(38a)の場合，burnはthe fireが持つ内部の力・特性によって生じるイベントを描いている。一方，(38b)の場合，誰かが火をつけた（動作主による行為）か，気温の上昇（自然の力）で火がついたかわからないが，外部の力・原因によってthe leavesに変化が生じ，その状況をburnは描いている。すなわち，(38a)は内部原因イベントを表し，(38b)は外部原因イベントを表している。

(39) a. The fire burned. における burn：内部原因動詞
    b. The leaves burned. における burn：外部原因に対して制限のない外部原因動詞

予測されるように，この内部原因/外部原因の違いが，使役交替に関係してくる。(38a)のburnはdecayと同じように内部原因動詞であり，(38b)のburnは breakと同じように原因に制限のない外部原因動詞で

ある。(34) で示したように,内部原因の場合は使役交替ができず,原因に制限のない外部原因の場合は使役交替ができることが予想される。その結果,(38a) からの使役交替は不可能となり,(38b) からは可能となる。

(40) a. *The campers burned the fire.
　　 b. The gardener burned the leaves.

以上のことをまとめると,次のようになる。

(41) 同一動詞による描写イベントにおいて,
　　(i) 内部原因によるイベントを表す場合は,使役交替は不可能であり,
　　(ii) 原因に制限のない外部原因によるイベントを表す場合は,使役交替が可能となる。

II.3.4　外部原因動詞句 clear the table と clear the sky の違い

前節 II.3.3 で,burn は主語の違いによって,外部原因動詞や内部原因動詞となり,その結果が使役交替の可能性に影響することを見た。今度は,同一動詞で目的語(動詞の目的語は内項と呼ばれる)の違いによって,使役交替が可能になったり不可能となったりする場合がある。どのような場合にそうなるかを,次に見てみよう。

問題提起　動詞句 clear the table と clear the sky の意味特性の違いは,どこにあるか。

幾つかの使役交替動詞は,状態変化を被る項に対してある一定の選択制限を課し,そのように(選択)制限された項のみが主語となり,自動詞用法が可能となる。しかし,同一動詞であっても使役交替が可能な項もあれば,不可能な項もある。可能/不可能は,選択される項によって

決められる。動詞句 clear the table と clear the sky の違いが，その一例である。前者は，自動詞用法が不可能であるが，後者は可能である。この違いは，項の選択によって生じていると考えられる。では，なぜこのような違いが生じるかを見てみよう。

(42) a. The waiter cleared the table.
    b. *The table cleared.
(43) a. The wind cleared the sky.
    b. The sky cleared.

　(42a) と (43a) の共通点は，両者とも外部の力によって成立する外部原因イベントを表している点である。(42a) と (43a) の相違点は，(42a) は主語として人（動作主）をとり，(43a) は自然の力をとっている点である。clear the table での table は，人によって clear される対象であり，clear the sky における sky は，自然の力 (the wind) によって clear される対象となっているという違いが見られる。この違いは，次のように言える。the table が clear されるのは，外部の力である動作主（人）の介入によってのみ成立するイベント（出来事）を表しており，動詞と主語の間に選択制限（主語として動作主をとる制限）があり，他方，the sky が clear されるのは，自然の力によるため，動作主を主語にとる選択制限がない。

　(43) の動詞句 clear the sky は，主語に対して動作主をとる選択制限がないため，動詞 break や open と同じように使役交替が可能となることが予想される。

　他方，clear the table は，動作主による外部力によってのみ生じるイベントであると考えられ，主語として必ず動作主をとる選択制限を持つ外部原因イベントと考えられる。すなわち，clear the table が表すイベントは，必ず動作主の介入が必要となる。従って，clear the table は，原因イベントである項が動作主に限定され，動詞 cut, murder, write と同じカテゴリーに入る。この場合，Ⅱ. 3. 1 で見たように，使役交替

が出来ない。

(44) 動作主の介入に限定される外部原因イベントを表す動詞句は，使役交替が不可能である。
動作主の介入に限定される外部原因イベントを表す動詞(句)：
cut, murder, write, clear the table

II.3.5　break his promiseとbreak the windowの違い

その他の例で (44) で述べたことを検証してみよう。主語として動作主に限定する選択制限を持つ動詞は，使役交替ができないことをさらに見てみよう。

問題提起　break his promise と break the window の意味特性の違いは，どこにあるか。

clear の場合と同じように，同じ動詞であっても，その動詞と目的語として結び付く名詞句の違いによって，使役交替が可能な場合とそうでない場合がある。なぜ，そのようなことが起きるかを見てみよう。

(45) a. He broke his promise.
　　　b. *His promise broke.
(46) a. He broke the window.
　　　b. The window broke.
　　　c. The storm broke the window.

動詞句 break his promise の場合，使役交替が不可能であり，break the window の場合，可能である。両者の違いは，表層上ではわからないが，それぞれの目的語（内項）を検討することによって窺い知れる。両者の違いを動作主の観点より見てみると，次のように言える。promise は人によってもたらされるイベントであり，動作主の介入によ

38　第一章　意味による動詞の分類

ってのみ成立する。すなわち，promise（約束）はそれ自体で変化する内在的力を持っておらず，必ず外部の人の力によってのみ引き起こされるイベントである。そのために，主語の選択制限で，主語が動作主に限定される。

他方，break the windowの場合，（46c）が示すように，外部原因イベントとして自然の力を原因とすることができ，必ずしも動作主の介入を必要としない。すなわち，windowには外部からの力（自然の力，あるいは人間の力）を加えてやると，変化することが可能である。このように，主語の選択制限が，動作主に限定されている訳ではない。

以上のことより，両動詞句の違いは，次のように言える。break his promiseは動作主の介入なくしては成立しないイベントであり，break the windowは，外からの自然の力によっても成立するイベントである。すなわち，break the windowは，外部原因イベントが動作主の介入に限定されることのないイベントを表し，break his promiseは，外部原因イベントが動作主に限定されるイベントを表している。従って，目的語（内項）の選択によって，動作主の介入の有無が決まり，その介入の有無が使役交替に関与する。

(47) 使役交替の条件：(i) 外部原因イベントであり，(ii) その外部原因イベントが動作主の力に限定されない（主語の選択制限が動作主に限定されない）。

II. 3. 6　open the windowとopen the bank accountの違い

clearやbreak以外にも，同一動詞で使役交替の可能性が，動作主の介入の有無によって左右される例がある。それは，open the windowとopen the bank accountである。

問題提起　動詞句open the windowとopen the bank accountとでは，どのような点が違うか。また，その違いの原因は何か。

open the windowの場合は使役交替が可能であるが，open the bank accountの場合は不可能である。この場合も，動作主の介入が関係している（主語の選択制限が動作主に限定される）。

(48) a. John opened the window.
　　 b. The window opened.
(49) a. John opened the bank account.
　　 b. *The bank account opened.

open the bank accountの場合，the bank account（銀行口座）は必ず人間が関係することである。すなわち，the bank accountを開設するのは，人間である動作主が介入し，動作主である人の力によって生じるイベントである。一方，動詞句 open the windowの場合，人間の力でも自然の力でも，いずれもが外部原因となりえるイベントである。従って，使役交替条件(47)によって，open the bank accountは使役交替が不可能となり，open the windowは可能となる。

II.4　まとめ

使役交替の可能性は，動詞が表すイベントを引き起こす原因が，どのような原因によるかで決まる。動詞（句）及び文は，大きく内部原因・外部原因によって二分類され，さらに各原因内で二つに再分類される。内部原因の場合，(50)のように状態変化と活動によって二つに分類され，外部原因の場合，(51)のように動作主の力に限定されるかされないかによって，二つに分類される。

(50) 内部原因を基準とする分類
　　 a. 内部原因によって生じる状態変化の場合：decay, bloom, burn（The fire burned.）
　　 b. 内部原因によって起こる活動の場合：play, run, shudder, glitter, sparkle

(51) 外部原因を基準とする分類
    a. 外部原因が動作主の力に限定される（外部原因に制限がある）場合：cut the rope, write a letter, kill John, clear the table, break a promise, open the bank account
    b. 外部原因が動作主の力に限定されない場合：caramelize the sugar, clear the sky, break the window, open the door, burn the leaves（The leaves burned.）

(51b)の場合のみが，使役交替可能な動詞（句）で，使役交替の可能性についての基準及び手段・方法は，次のようになる。

(52) a. 使役交替の可能性についての基準：外部原因があるか否か。
    b. 使役交替の可能性についての手段・方法：外部原因が動作主の力のみに限定されることなく，自然の力でも可能かどうか。（自然の力を主語として他動詞用法が成立するかどうか。）

練習課題 (1a)と(1b), (2a)と(2b)及び(3a)と(3b)は，お互いにどのような意味関係にあるかを説明しなさい。

(1) a. John broke a vase.
    b. A vase broke.
(2) a. John sank the big ship.
    b. The big ship sank.
(3) a. John opened the window.
    b. The window opened.

練習課題 内部原因イベントと外部原因イベントを表す動詞句を幾つか挙げなさい。
    また，内部原因イベントと外部原因イベントの主な違いを説明しなさい。

|練習課題| 次の (4) (5) (6) が示すように，break, open は自・他動詞の両用法が可能（自・他交替可）で，cut, write は他動詞用法のみが可能で，run, decay は自動詞用法のみが可能である。このような違いが生じる原因が，何によるかを説明しなさい。

(4) 自・他動詞用法とも可（自・他交替可）：
 a. The window broke. / John broke the window.
 b. The door opened. / John opened the door.
(5) 自動詞用法のみ可：
 a. John ran. / *The trainer ran John.
 b. The logs decayed. / *The bad weather decayed the logs.
(6) 他動詞用法のみ可：
 a. *The bread cut. / John cut the bread.
 b. *A letter wrote. / Pat wrote a letter.

|練習課題| 動詞によっては，他動詞用法で目的語として結び付く名詞句によって，使役交替が不可能となる場合がある。その動詞を挙げなさい。

|練習課題| 次の 4 つの文は，使役交替不可能な文である。これらの文に共通する意味的特徴（意味役割）を挙げ，なぜ使役交替が不可能かを説明しなさい。

(7) a. John broke his promise.
 b. John opened the bank account.
 c. John cut the rope with his knife.
 d. John killed the man.

|練習課題| break は the window と結び付いた場合，自動詞用法では容認可能となるが，the promise と結び付いた場合，自動詞用法

42 第一章　意味による動詞の分類

は容認不可能となる。openの場合も同様なことが言える。the doorと結び付いた場合，自動詞用法では容認可能となるが，the bank accountと結び付いた場合は，容認不可能となる。なぜ，このようなことが生じるのか。また，(8b)と(9b)の共通点は何かを説明しなさい。

(8) a. John broke the window. / The window broke.
　　b. John broke his promise. / *His promise broke.
(9) a. John opened the door. / The door opened.
　　b. John opened the bank account. / *The bank account opened.

III. stage-level 叙述詞と individual-level 叙述詞

　次の各文（1a）（1b）（2a）（2b）に見られる動詞句は，アスペクトを基準とすると状態動詞句と分類される。しかし，アスペクト基準で状態動詞句と分類されても，（1a）と（1b）の主語である複数名詞（句）lionsのそれぞれの意味の違いや，（2a）（2b）の間の文法的容認性の違いは説明できない。(Milsark（1977），Carlson（1980），Rapoport（1991, 1993），Diesing（1992），Chierchia（1995），Kratzer（1995）参照。)

(1) a. Lions are fierce.
　　b. Lions are in this park.
(2) a. John was drunk yesterday.
　　b. *John was intelligent yesterday.

　(1a)におけるlionsは，ライオンが獰猛であることを全てのライオンについて叙述しており，(1b)におけるlionsは，全てのライオンについての叙述でなく，「この公園」に今いる数頭（複数）のライオンについての叙述である。すなわち，(1a)のlionsは世界中に存在する全てのライオンについて当てはまる叙述であり，(1b)のlionsは眼の前に存在する数頭のライオンについて当てはまる叙述である。状況を基準にすれば，次のように言える。(1a)については，全てのどのような状況においてもライオンは獰猛であり，(1b)については，ある一つの限定された状況（すなわち，この公園に限定された状況）があり，その状況下にライオンが存在する（Carlson（1980），Bach（1989）参照）。

　また，(2a)と(2b)は状態動詞の文である。しかし，この二文における文法的容認性の違いは，それらを状態動詞句と分類するアスペクト基準では説明できない。これらの違いは，アスペクト以外の基準で説明さ

れるべきものである。その基準とはいかなるものかを見てみよう。また，どのような方法・手段で両者を分ける分析がなされるかをも見てみよう。まず，(1a) と (1b) の主語である複数名詞 (句) の意味の違いから検討してみよう。

Ⅲ.1　stage-level と individual-level の違い

(1a) (1b) の主語である冠詞 (定・不定冠詞) の付かない複数名詞は，裸複数名詞 (bare plural nouns) と呼ばれる。このような裸複数名詞は，結び付く動詞句によって意味が異なる。例えば，(1a) (1b) がその例である。このような意味の違いは，いかなる要因によって生じるのであろうか。

Ⅲ.1.1　主語の裸複数名詞の意味

裸複数名詞が主語の場合，結び付く動詞句によってその主語がどのような意味になるかを考えてみよう。

問題提起　(3a) と (3b) における horses の意味には，どのような違いがあるか。

(3) a. Horses have tails.
　　b. Horses were galloping across the plain.

(3a) (3b) を比較した時，同一の裸複数名詞 horses であるにもかかわらず，両文における horses の意味に違いが見られる。(3a) については，世界中の全ての horses が考慮の対象になっている。つまり，(3a) は馬全体についての特徴 (もしくは，馬が持つ固有の属性) を叙述している文であり，次のような意味を持つと考えられる。

(4) (3a) = All horses have tails.

このように，馬全体についての叙述の読みは総称的解釈 (generic interpretation) と呼ばれる。

他方，(3b) の例では，(3a) のような世界中の全ての馬を対象に考えているのではなく，眼の前に存在するある何頭かの馬（数十頭であるか数百頭であるか不明であるが，限られた数の馬）についての動作を叙述しており，次のような意味を持つと考える。

(5) (3b) = Some horses were galloping across the plain.

このような読みを持つ場合は，存在的解釈 (existential interpretation) と呼ばれる。すなわち，(3a) と (3b) の違いは，次のように述べることができる。

(6) (3a) の horses は，馬という馬全てについての叙述であり，(3b) の horses は，眼の前に存在するある数頭（複数）の馬についての叙述である。

Ⅲ.1.2　STAGE と INDIVIDUAL について

次に，(7)(8) のような裸複数名詞主語の解釈の違いは，いかなる要因によって生じるかを考えてみよう。

(7) Horses have long tails.
(8) Horses are in the ground.

|問題提起|　(7) と (8) における主語の裸複数名詞（句）(horses) の意味には，どのような違いがあるか。

この問題に取り組むために，Carlson (1980) の理論を見てみよう。Carlson によれば，モデル対象物（言語表現の意味に対応するもの）は，三つのクラスに分類される。それらは，KIND, OBJECT, STAGE の三ク

ラスである。この三つのクラスは，次のような図で表される関係にある。

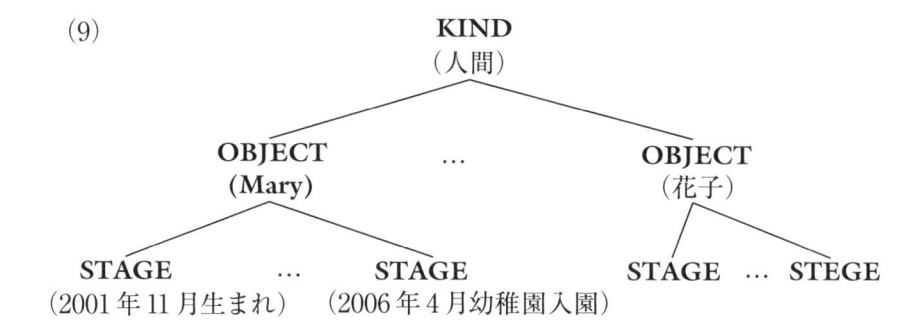

(9)
```
                        KIND
                       (人間)
              ┌──────────┴──────────┐
           OBJECT       ...        OBJECT
           (Mary)                  (花子)
         ┌────┴────┐             ┌────┴────┐
       STAGE  ...  STAGE       STAGE  ...  STEGE
(2001年11月生まれ) (2006年4月幼稚園入園)
```

　一例として，KINDとして人間（human beings）を取り上げて考えてみよう。その場合，人間の下位分類のOBJECTとして，具体的な人間であるMary, John，花子，太郎が存在する。そして，一つのOBJECTに対して，幾つかのSTAGEが存在する。例えば，2001年11月に生まれたという一つのSTAGEにあるMary，2006年4月に幼稚園に入ったという一つのSTAGEでのMaryが存在する。OBJECTであるMaryは，これらの一連のSTAGEを持つと考えられる。
　(7)と(8)の文について考えると，(7)の文は世界中のhorse全体についての叙述である。すなわち，horse全体が共通して持つ属性についての叙述である。従って，この叙述はhorseであるKIND（種）が持つ属性の叙述である。(8)の文は，horsesというKINDのうちの何頭かの具体的な一つの状況についての叙述と考えられる。(7)はhorsesのKINDについての叙述であり，(8)はある数頭のhorsesのSTAGE（すなわち，一つの状況）での叙述である。この叙述の違いは，裸複数名詞（句）に後続する動詞（句）が表す意味によって生じる。それでは，STAGEとは，どのようなことを意味するかを，もう少し詳しく見てみよう。

　問題提起　STAGEとは，どのようなことか。

　Bach（1989：83）は，STAGEについて次のように説明している。

(10) 一つのSTAGEとは，OBJECTもしくはKINDの一時的及び一空間での出来事である(A STAGE is a time-space slice of an individual OBJECT or KIND.)。

次の(11)で考えてみよう。(11)は，「ジョンは，たまたま今酔っている」ことを叙述している。すなわち，一つのOBJECTであるJohnについての限られた一時的・一空間での状態（状況）を表しており，OBJECTであるJohnの一状況での描写であると考えられる。このような状況表現をstage-levelの叙述であると言う。

(11) John is drunk.（ジョンは，今酔っぱらっている。）

(11)におけるbe drunkは，stage-levelの出来事・状況を描写するために，stage-level叙述詞と呼ばれる。この叙述詞は，限定された時間・場所での一状況の描写を表すために，状況の観点より規定すれば，次のようになる。

(12) stage-levelの叙述詞：一つの限定された時間・空間で成立する状況を描写する叙述詞。すなわち，一つの限定された時間・空間を表す状況の存在を示す叙述詞。

次に，stage-level以外の叙述詞には，どのような叙述詞があるかを見てみよう。

|問題提起|　object-levelの叙述とは，どのような叙述か。

次の文(13)は，どのようなことを表しているのであろうか。

(13) John is intelligent.

(13) の叙述は，OBJECT（個）であるJohn一個人特有のこと（すなわち，Johnの不変の本質）を描写している（Milsark 1977, Carlson 1980）。このような一個人の不変の特性・本質を表す叙述をobject-levelの叙述と言い，この叙述詞をobject-level叙述詞と呼ぶ。この場合の描写は，限られた一つの状況での描写でなくて，任意の状況（任意の時間・場所）で成立する描写と考えられる（Chierchia 1995）。

また，次の (14) の叙述詞（be mammals）は，horseのKIND（種）についての描写であるので，kind-level叙述詞と呼ばれる。

(14) Horses are mammals.（馬は，哺乳動物である。）

OBJECTとKINDをINDIVIDUAL（個体）の下位範疇とし，object-levelとkind-levelを一つのレベルとして，そのレベルをindividual-levelと呼ぶ。stage-levelとindividual-levelの叙述詞は，Carlson (1980) では，一時的／永続的の違いを基準として分類されているが，ここでは，基準を状況に置き，次のように特徴づける。

(15) a. stage-levelの叙述詞とは，一つの限定された時間・空間で成立する状況を描写し，その一状況の存在を表す読み（existential reading）を与えるものである。
b. individual-levelの叙述詞とは，任意の時間・空間で成立する状況を描写し，その全ての状況で成立する総称的な読み（generic reading）を与えるものである。

以上のことより，(7) と (8) の裸複数名詞の意味の違いは，結び付く叙述詞のレベルの違いにより生じることがわかる。すなわち，stage-levelの叙述詞と結び付いた裸複数名詞句の主語には，一つの状況が存在する解釈が与えられ，individual-levelの叙述詞と結び付いた裸複数名詞の主語には，任意の状況で成立する総称の読みが与えられる。そのため，一つの状況での描写がなされる場合，裸複数名詞は限られた数に

対する解釈が与えられ，任意の状況での描写がなされる場合，裸複数名詞は全てに対する解釈が与えられる。つまり，裸複数名詞の主語の意味は，結び付く叙述詞のレベルによって決まる。

次に，stage-level 叙述詞にはどのような特徴があるかを，individual-level 叙述詞と比較しながら統語面より見てみよう。

Ⅲ.1.3　stage-level 叙述詞の統語的特徴

stage-level の叙述詞は一時的・一空間での状況を表すが，このことはどのような統語的特徴として現れるかを，ここで見てみよう。

|問題提起|　stage-level の叙述詞は進行形にすることが可能であるが，individual-level の叙述詞は不可能である（Pustejovsky 1995：20）。なぜか。

次の (16a) と (16b) において，容認性に違いが見られる。どのような要因によるかを考えてみよう。

(16) a.　You're being so angry again. (be angry：stage-level)
　　 b.　*You're being tall today. (be tall：individual-level)

まず，現在進行形の文と単純現在形の文が表す意味には，どのような違いがあるかを見，次に両者に見られる違いに基づいて，なぜ stage-level の叙述詞が現在進行形で使用が可能であり，individual-level の叙述詞は不可能であるかを考えてみよう。

(17) a.　John is smoking.
　　 b.　John smokes.

(17a)(17b) の両文は，John についての叙述である。しかし，現在進行形と単純現在形の文には大きな違いが見られる。(17a) の進行形の文

は，smokeしているJohnの時間的・空間的に限定された一状況についての描写である（水谷 1985：94，Bach 1989：89，今井 1995：43）。すなわち，現在進行形は，眼の前に展開中であるJohnの一時的状況（a STAGE）を表している。

他方，（17b）の単純現在形の文は，時間的・空間的に限定されていないJohnの一個人（OBJECT）特有の習慣に対する描写（時間的・空間的に任意の状況描写）である。状況という観点より述べれば，単純現在形と進行形との違いは，次のようになる。

(18) a. 単純現在形：時間・空間で限定されない任意の状況（すなわち，総称的な状況）の描写。
    b. 進行形：時間・空間で限定された一つの状況（すなわち，一つの眼の前に存在する状況）の描写。

進行形は，「一時的・一空間的にその時点で行われている」出来事を表し，一時的動作の叙述の性格（一時性表現機能）を持つ（今井 1995：43）。この機能を持つのはstage-levelの動詞句である。そのために，stage-level動詞句は進行形で使用可能となる。

他方，時間・空間的に限定されない（総称的状況での）恒久的な資質を表すindividual-levelの動詞句は，一時性表現機能を持つ進行形とは意味的に相容れない。そのために，individual-levelの動詞句は，進行形では使用不可能となる。従って，stage-levelである（16a）のbe angryは，進行形で使用可能となり，individual-levelである（16b）のbe tallは，進行形での使用は不可能となる。

以上のように，stage-levelとindividual-levelの違いは，進行形の使用可能性に大いに関係している。

III.2　同一動詞によるレベルの異なる動詞句

同一動詞を使い，異なるレベルの叙述詞が作られる場合がある。動詞が同一であっても，結び付く目的語，また，be動詞の場合は結び付く

補語によって，レベルの異なる動詞句が作られる。このような例を，次に見てみよう。

Ⅲ.2.1　have a good timeとhave blue eyesの違い
　動詞が同一であっても，結び付く目的語によって異なるレベルの動詞句になる。その一例が，haveで作られる動詞句である。

|問題提起|　動詞句 have a good time と have blue eyes には，どのような違いが，意味・統語の面から見られるか。

　haveは，結び付く目的語によって進行形で使用できたり，できなかったりする。すなわち，haveは，結び付く目的語によってstage-levelの叙述詞になることもあり，individual-levelの叙述詞になることもある。例えば，a good time at the partyと結び付いた動詞句 have a good time at the partyは，一時的状況を表すため，stage-levelの叙述詞となり，blue eyesと結び付いた動詞句 have blue eyesは，個人の持つ特有の特徴（時・場所が限定されることのない任意的状況で成立する特性）を表すため，individual-levelの叙述詞となる。この二つの叙述詞はレベルが異なり，そのことが進行形での使用に関する容認性の違いとして現れる。

(19)　a.　John is having a good time at the party.
　　　　　（have a good time at the party：stage-level）
　　　b.　*John is having blue eyes.
　　　　　（have blue eyes：individual-level）

Ⅲ.2.2　be angryとbe tallの違い
　be動詞についても，後続する補語によって，異なるレベルの叙述詞となる。叙述形容詞である（20a）におけるbe angryと（20b）におけるbe tallについて見てみよう。

> **問題提起** 動詞句 be angry と be tall の間には，どのような違いが統語上で見られるか。

(20) a. John is so angry again.
　　 b. John is tall.

(20a)の be so angry again は，一時的状況を表しており，stage-level の叙述詞である。(20b)の be tall は，個人が持つ特性（すなわち，任意の状況で成立する特性）を表しており，individual-level の叙述詞である。この両者の違いは，統語面で現れる。すなわち，両者を進行形にした場合，その進行形の容認性において異なる。次の(21)が示すように，(20a)では進行形での使用は可能であるが，(20b)では不可能である。

(21) a. John is being so angry again. (be angry：stage-level)
　　 b. *John is being tall today. (be tall：individual-level)

　動詞句 have blue eyes や be tall のような叙述詞は，個人が持つ独特の恒久的属性を表すため（すなわち，任意の状況で成立する描写を表すため），一時的状況を表す進行形にすることはできない。任意で成立する状況を，一時的状況に限って描写するのは意味のないことである。従って，individual-level 叙述詞は，進行形での使用は不可能となる。
　他方，have a good time at the party や be so angry again のような一時的状況を表す stage-level の叙述詞は，進行形が表す状況と意味的に整合する。そのために，進行形での使用が可能となる。

Ⅲ.3　STAGE と INDIVIDUAL の関係

　次に，STAGE と INDIVIDUAL は，どのような関係にあるかを少し詳しく見てみよう。まず，STAGE と OBJECT の関係から見てみよう。

問題提起 STAGE と OBJECT の関係は，どのような意味関係にあるか。（Bach（1989：83）参照。）

(22) a. John smokes.
  b. John is smoking.

(22a)(22b)の両文は，John についての叙述である。(22b) は smoke している John の一状況（a STAGE）での描写であり，(22a) は John の一個人（OBJECT）が持つ特有の習慣の描写である。すなわち，(22a) は任意の状況で成立する描写であるため，individual-level の叙述で，(22b) は時間的及び空間的に限定された一つの状況で成立する描写であるため，stage-level の叙述である。（前節Ⅲ.1.3参照。）

一つの状況（a STAGE）は，個体（INDIVIDUAL）の時間的・空間的に限定された状況の具現化である。KIND であれ OBJECT であれ，個体（INDIVIDUAL）は，時間的・空間的に限定された一状況での具現化の連続体である。そのために，一つの個（OBJECT）と時間的・空間的に限定された一状況（a STAGE）との関係は，次のように表される。個体（INDIVIDUAL）を一つの STAGE と結び付ける関数を R とした場合，s が一つの STAGE で，j が一個人（INDIVIDUAL）である時，j のある一時点での個の具現化（すなわち，j と s の関係）は，R(s, j) で表される。例えば，(23a) の文は，John の一つの状況（a STAGE）を表しており，個人（INDIVIDUAL）である John と，その一状況の間に (23b) で表されるような意味関係にあり，その関係は (23c) で示される関係式（論理式）で表される（Carlson（1980）参照）。

(23) a. John is sick.
  b. sick である一つの状況（a STAGE）s があり，その状況 s は，John の一時点・一空間での具現化である。
  c. $\exists s [R(s, j) \land Sick(s)]$ （＝ John が，病気である状況が一つ存在する。）R：具現化関数

54　第一章　意味による動詞の分類

次にKINDとSTAGEの意味関係は，どのようなものであるかを見てみよう。

問題提起　KINDとSTAGEの関係は，どのような関係にあるか。

(24) a. Horses have tails.
　　 b. Horses were galloping across the plain.

Ⅲ.1.1で見たように，(24a)はhorseのKIND（種）についての叙述であり，(24b)はKINDの具体的な例についての叙述である。裸複数名詞が主語に来た場合，叙述詞が表す意味の特徴によって，KINDについての解釈とKINDの具体例についての解釈が可能となる。すなわち，この違いは，主語である裸複数名詞と結び付く動詞の意味特性によって生じる。裸複数名詞が，be intelligent, be tallのような恒久的な本質や性格を表す（任意的状況で成立することを表す）individual-levelの動詞句と結び付くと，全ての状況下で成立する解釈が与えられる。

他方，KINDの具体的な例に関する一つの状況下で成立する解釈は，steal, eat, be drunkのような一時的・一空間的に制限された状況を表す動詞句と結び付くことによって生じる。

以上のことをまとめると，叙述詞は状況を基準として，次のように二種類に分けられ，STAGEとINDIVIDUALの関係は，(27)のように表される（Carlson 1980, Bach 1989）。

(25) stage-level 叙述詞：一時的状況（temporary state）や一時的動作（transitory activity）を表し，一時的状況で成立する描写を与える動詞（句）。
　　 例：fall down the stairs, be drunk, be running in the park（一時的・偶発的な特性あり。）
(26) individual-level 叙述詞：比較的永続的な状態（permanent state）を表し，任意的状況（総称的状況）で成立する描写を与える動詞

(句)。

例：be intelligent, be tall, have two legs（恒久的・本質的な特性あり。）

(Bach (1989：107), Chierchia (1995), Kratzer (1995) 参照。)

(27) 一連のSTAGEsが一つになって一個人（INDIVIDUAL）を表す。すなわち，一つのSTAGEは，一個人の時間的・空間的一断片である。このような関係が，STAGEとINDIVIDUAL（KINDとOBJECT）の間に存在する。

Ⅲ.4　stage-level 叙述詞とindividual-level 叙述詞の現れる統語的環境

この節では，stage-levelとindividual-levelの叙述詞が，どのような統語的環境で容認されるかを見てみる。この環境は，叙述詞を特徴づける方法・手段となる。また，現れる環境の違いによって，両叙述詞が持つ特徴がどのようなものであるかが，より明らかになる。

Ⅲ.4.1　stage-level 叙述詞と時間限定副詞（句・節）の共起関係

stage-levelとindividual-levelの叙述詞は，どのような副詞（句・節）と共起関係（統語的環境）を持つかを，意味に基づいて見てみよう。

|問題提起|　Max was here は，副詞節 when I arrived と共起するが，Max was tall が共起しないのはなぜか。この共起の可能性の違いは，どのような意味的要因によるのか。

(28) a.　Max was here when I arrived.
　　　b.　*Max was tall when I arrived.

(28a)の表す状況を考えてみると，この文は「私が（その場に）着いた（when I arrived）」時間帯で，一つの特別な状況「たまたま，Maxはここにいた」ことを意味し，それ以外の時間帯では，「Maxはここにい

た」ことを必ずしも意味するのではない。言い換えると，副詞節で表される状況（この状況をAで表す）が成立する時間帯に，主節の動詞（以下，主動詞と略す）で表される状況（Bで表す）が成立し，A以外の時間帯ではBが成立しないことを，この文は意味している。すなわち，この副詞節は，主動詞で表される状況を成立させる時間帯を限定している。このように限られた一定の時間帯（一瞬の時間であっても構わない）を示す副詞節（句）を，時間限定副詞節（句）と呼ぶことにする。

　では，ある時間帯のみで成立する状況を表すことができる叙述詞とは，どのような叙述詞であるか。それは，一時的・一空間的状況を表すstage-levelの叙述詞である。従って，時間限定副詞節 (when I arrived) と共起できる叙述詞は，stage-levelの叙述詞に限られる。すなわち，時間限定副詞節 (when I arrived) は，stage-level叙述詞であるMax was hereと共起可能となる。

　他方，動詞句 be tall は恒久的・本質的な特性を表すindividual-levelの叙述詞で，時間的に制限のない任意的状況で成立する描写である。そのために，時間的に制限なく成立するbe tallを，時間帯を制限し，その時間帯のみで成立することを表す時間制限副詞と共起した時，意味をなさない。すなわち，いずれの状況でも成立することを，特別に時間限定した時間帯で述べることは，意味のないこと（意味的に整合しないこと）である。そのために，両者（be tallとwhen I arrived）は，共起できないことになる。

　次のような (29a) (29b) の場合にも，同様のことが当てはまる。

(29) a. She was Miss Japan when I met her at the party.
　　 b. ??She was a woman when I met her at the party.

(29a) のbe Miss Japanは，一時的状態を表し，毎年この対象者は変わる。従って，この一時的状況を表す叙述詞（すなわち，stage-levelの叙述詞）は，時間限定副詞節 when I met her at the party と共起可能となる。

III.　stage-level叙述詞とindividual-level叙述詞　57

他方，(29b)のbe a womanはindividual-levelの叙述詞であり，任意的時間で成立する描写である。そのため，時間帯を限定して描写することは意味をなさない。すなわち，時間限定副詞節と共起することは意味的に整合しない。従って，individual-levelの叙述と時間限定副詞とは共起不可能となる。

その他に，individual-level動詞句とstage-level動詞句が，どのような統語的環境で生じるかを見てみよう。

問題提起　John was drunkは，副詞yesterdayと共起し，John was tallが共起しないのはなぜか。(30a)(30b)の文の容認性の違いは，どのような意味的要因によるのか。

(30a)と(30b)においても，容認性に違いが見られる。(30b)は容認されるが，(30a)は容認性が低い。このことは，どのような意味的要因によるのかを考えてみよう。

(30)　a. ??John was tall yesterday.
　　　b. John was drunk yesterday.

動詞句be tallは，恒久的（不変的）な状態を表し，任意的状況で成立する描写である。そのために，時間を限定する副詞(yesterday)とbe tallは意味的に整合せず，共起することはできないと考えられる。すなわち，be tallで表される任意の状況で成立する描写を，「昨日」という限られた一定の時間帯で語ることは，意味のないことである。従って，individual-levelの叙述詞は，時を限定する副詞yesterdayと共起できないのである。

他方，be drunkは一時的状況(a STAGE)を表すため，時を限定する副詞yesterdayとは意味的に整合し，共起可能となる。すなわち，時の副詞で限定された時間帯で成立する状況を描写できる叙述詞は，stage-levelの叙述詞である。以上のような理由により，(30a)(30b)における

容認性の違いが生じていると考えられる。(Chierchia (1995), Kratzer (1995) 参照。)

Ⅲ.4.2　stage-level / individual-level 叙述詞と場所限定副詞の共起関係

　次に，場所を限定する副詞句（場所限定副詞句）と stage-level / individual-level 叙述詞との共起関係が，どのようなものかを見てみよう。

|問題提起|　次の (31 a) (31 b) は，容認性がかなり低いが，その理由はどのような意味的要因によるのか。

(31) a. ??John is intelligent in his car.
　　 b. ??John knows Latin in his office.

　individual-level 叙述詞は，任意の状況で成立する叙述詞である。任意の状況とは，一つの定まった場所・時での状況でなく，全ての場所・時における状況である。従って，individual-level 叙述詞が描写するのは，限定された位置・場所でなく，任意の位置・場所で成立する状況描写である。そのために，individual-level 叙述詞は総称的解釈を受ける。その総称的解釈を受ける individual-level 叙述詞 be intelligent, know Latin を，一つの定まった位置・場所 in his car, in his office（このような副詞（句・節）を場所限定副詞（句・節）と名付ける）で叙述することは，意味のないことである。そのために，両者は意味的に整合せず，共起不可能となる。
　他方，stage-level 叙述詞は，一時的・一空間での状況を描写するため，一つの場所に限定する場所限定副詞句 (in his car, at the party) と意味的に整合し，両者は共起可能となる。すなわち，一空間で成立する状況を描写できるのは，stage-level 叙述詞である。

(32) a. John was drunk in his car.
　　 b. John was in high spirits at the party.

　Ⅲ.4.1やⅢ.4.2で見たように，時間・場所限定副詞(句)(yesterday, in his car)は，主動詞句で表される描写を，一つの限定した時間・場所のみで成立させる働きをしている。そのために，この限定副詞で表される状況下で成立する叙述は，一時的状況を表す叙述でなくてはならない。この状況を描写することができるのは，stage-levelの叙述詞である。
　しかし，状況を任意的に位置づけ描写するindividual-levelの叙述を，限定された状況で描写することは意味のないことである。そのために，意味的に整合せず共起不可能となる。
　状況の観点より，両叙述詞は次のように特徴づけられる。

(33) a. stage-level叙述詞の特徴：一つの限定された状況での(存在的)解釈を与える。
　　 b. individual-level叙述詞の特徴：任意の状況での(総称的)解釈を与える。
　　 c. 時間・場所限定副詞は，一つの限定された時間・場所を表し，その限定された状況下で，主動詞句で表される描写を成立させる働きをする。(この働きと整合するのは，stage-levelの叙述詞である。)そのため，individual-level叙述詞とは意味的に整合せず，共起できない。

Ⅲ.4.3　描写二次叙述詞はなぜstage-levelなのか

　この節では，二次叙述詞(secondary predicate)とstage-/individual-levelの叙述詞が，どのような関係にあるかを見てみる。二次叙述詞には，描写二次叙述詞(depictive secondary predicate)，条件二次叙述詞(conditional secondary predicate)と結果二次叙述詞(resultative secondary predicate)がある(Rapoport(1991, 1993)参照)。

(34) a. John ate the meat *raw*. （描写二次叙述詞）
    b. John drinks coffee *black*. （条件二次叙述詞）
    c. John painted the wall *red*. （結果二次叙述詞）

ここでは描写二次叙述詞に限定し，この叙述詞について，現れる環境及びどのような特性を持つ叙述詞であるかを，主動詞（matrix verb）との関係で考えてみる。最初に，なぜ描写二次叙述詞は，individual-levelでなくて，stage-levelの叙述詞でなくてはならないのかを見てみよう。

問題提起　描写二次叙述詞は，stage-levelの叙述詞でなくてはならない（Tenny 1994：152）。なぜか。

(35) a. I met Mary drunk / in high spirits.
    b. I met Mary *tall / *stupid.
    c. drunk, in high spirits：stage-level （一時的状況を表す）
    d. tall, stupid：individual-level （恒久的・本質的な特性を表す）

描写二次叙述詞は，主動詞で表されている出来事と同一時間帯での状況を表す叙述詞である（Dowty（1972），Rapoport（1991, 1993）参照）。すなわち，描写二次叙述詞は，主動詞の描写する出来事と時間的に密に関連づけられており（Rapoport 1991：175），主動詞が描写する時間帯と同一時間帯での状況を描写する。この時間的に限定された一時的状況を表すことができるのは，stage-levelの叙述詞である。従って，描写二次叙述詞として使用可能な叙述詞は，stage-levelの叙述詞でなくてはならない。（描写二次叙述詞の詳しい説明は，次節Ⅳを参照。）

以上のことより，(35a) の表す意味は，次のようになる。

(36) (35a) = There was an event that was the meeting of Mary by me and Mary was drunk / in high spirits at that event.

Ⅲ.4.4　描写二次叙述詞と主動詞の（意味的制限）関係

次に，描写二次叙述詞と主動詞との間に，どのような関係（意味的制限関係）があるかを見てみよう。

|問題提起|　描写二次叙述詞が付加される場合，主動詞に対して（意味的）制限があるか。もしあるとすれば，どのような意味的制限か。

この問題提起に対して，次のように取り組む。描写二次叙述詞が付加される主動詞に，意味的制限はあるかどうか。あるとすれば，どのような意味的制限が主動詞に課せられるかを見てみる。（Rapoport（1991）参照。）次の（37a）（37b）の容認性の違いは，どこにあるかを考え，この問題の解決を図ることにする。

(37) a.　Noa$_i$ wrote the answer drunk$_i$.
　　 b.　*Noa$_i$ knew the answer drunk$_i$.

(Rapoport 1991：169)

描写二次叙述詞は，主動詞の描写する状況と時間的に関連づけられねばならない。この関連づけを，「リンク付け」と呼ぶ。（「リンク付け」の詳しい説明は，Ⅳ.2.3参照。）このリンク付けがなされることが，描写二次叙述詞の付加が認められる条件である（Rapoport 1991, 1993）。そのために，描写二次叙述詞は，主動詞の表す状況と同一時間帯の状況・状態を表さねばならない。以上のことを踏まえて，(37a)(37b)の容認性の違いを考えてみよう。(37a)は次のような意味を表している。

(38)(37a)= There was an event that was the writing of the answer by Noa and Noa was drunk at that event.

(37a)が表している意味は，「ノアが解答を書いた。その時は，ノア

が酔っぱらっている特別な時であった」ことである。Noaが解答を書いた時の状況と，Noaが酔っぱらっていた時の状況が同一時間帯であり，両状況は時間的にリンクされる。すなわち，Noa wrote the answerは，時間・空間で限定された一状況を表し，Noa was drunkも時間・空間で限定された状況を表しているため，これら二つの状況は時間・空間でリンクされることが可能である。その結果，これら二つの状況が共起することは可能となる。

　(37b)の場合，「ノアは解答を知っていた」は，特別な一時的時間帯に限定される状況で成立する描写ではない。すなわち，「～を知っている」とは，任意の時に成立する状況・状態である。従って，任意的状況で成立する「～を知っている」と，特別な一時的時間帯に限定される「酔っぱらっている」という状況は，時間的にリンクされることはない。そのために，それらが共起した場合，意味的な整合性がなく，解釈不可能となり，容認不可能となる。

　以上のように，主動詞と描写二次叙述詞が，時間的にリンクされるためには，両方が時間的に一時的状況を表す叙述詞，すなわち，stage-levelの叙述詞でなくてはならない。

Ⅲ.4.5　There-構文とindividual-level叙述詞の共起関係

　次に，There-構文の名詞句に後続する叙述詞が，individual-level叙述詞の場合は容認されず，stage-level叙述詞の場合は容認される理由を考えてみよう。(Milsark (1977)，Stowell (1978)，Chierchia (1995) 参照。)

問題提起　次の(38a)は容認され，(38b)は容認性が低いのはなぜか。

(38) a. There is a man$_i$ drunk$_i$ / sick$_i$.
　　 b. ??There is a man$_i$ intelligent$_i$ / white$_i$.

　最初に，(38a)の文から考えてみよう。There-構文は，ある物が存在

することを意味する構文である。すなわち，ある物が少なくとも一つ存在することを表す存在の読み (existential reading) を与える構文である。また，stage-levelの叙述詞は，限られた状況で成立する一状況の存在を表す。従って，(38a) の文は，There-構文が表す意味とstage-levelの叙述詞の意味の間で整合する。すなわち，There-構文は存在の意味を表し，stage-levelの叙述詞は一時的な状況の存在を意味するため，両者は意味的に整合し，(38a) は容認される。

一方，(38b) 内にある叙述詞は，individual-levelの叙述詞である。このindividual-levelの叙述詞は，任意の状況での総称的な読み (generic reading) を与える叙述詞である (Chierchia 1995：176)。There-構文とindividual-levelの叙述詞の間では，与える読みに関して整合性を欠く。そのために，(38b) は容認性が低くなる。すなわち，There-構文は存在の読みを与え，individual-levelの叙述詞は総称 (gengeric) の読みを与えるため，両者の間には整合性がない。従って，(38b) は容認性が低くなる。

Ⅲ.5　裸複数名詞とその指示代名詞の意味

裸複数名詞とその指示代名詞は，結び付く叙述詞によって意味に違いが生じる。その違いはどのようなものかを，この節で見てみよう。

問題提起　次の (39a) (39b) のthey, themはrabbitsを意味しているが，この二つの代名詞には意味的に違いがある。その違いは，どのようなものであるか。

(39) a. Maria hates rabbits, because they ruined her garden last spring.
　　 b. Rabbits ruined Maria's garden last spring, so now she hates them.

動詞句 ruin her garden last springは，副詞句 last springによって時

間的に限定されている状況を描写しており，stage-levelの叙述詞である。そのために，その主語は存在的解釈を受ける（Diesing（1992）参照）。しかし，hate の目的語 rabbits（or them）は総称的解釈を受ける。その結果，(39a)(39b) は次のような解釈となる。(39a) での Maria は，ウサギという動物すべて（すなわち，kind-level での rabbits）が嫌いである。というのも，一部のウサギが彼女の畑を荒らした（すなわち，一つの限定された状況でのウサギが存在する）からである。(39a) の裸複数名詞（rabbits）は KIND を表す全てのウサギであり，この rabbits と同一指示である代名詞 they は，一部のウサギを意味する。(39b) では，主語である rabbits は一部のウサギを表し，この名詞と同一指示の代名詞 them は，全てのウサギを表している。

　以上のように，裸複数名詞とその同一指示関係にある代名詞は，結び付く動詞句によって異なる解釈を受けることになる。

III. 6　形容詞 smart から作られる動詞 smarten の意味

　この節では，形容詞 smart には，「ハイカラな」と「利口な」という二つの意味があるが，この形容詞から作られる動詞 smarten はどちらの意味と関係づけられるのかを見てみよう。一方の意味と関係づけられた場合，なぜそのような関係づけがなされるのか。また，なぜ両方の意味に関係づけられないのかを，考えてみよう。（丸田（1998）参照。）

> **問題提起**　形容詞 smart から作られる動詞 smarten の意味は，どのような意味か。

　形容詞 smart に -en を付加し，動詞 smarten を作る場合，その動詞はどのような意味になるのであろうか。また，-en 動詞はどのような意味特性を持つ形容詞から作られるのかという問題を，stage- / individual-level の特性と関連させて考えてみよう。

　stage-level の叙述詞は，一時的な状況・状態・動作の存在を表すのが特徴であり，individual-level の叙述詞は，恒久的で（すなわち，任意の

状況で成立する）本質的・内在的性質を表すのが特徴である（Milsark 1977）。この特徴を変化の観点より述べれば，一時的な状況は可変的であり，本質的・内在的性格や性質は不変的であると言える。変化の可能性の観点より，両者は次のように特徴づけられる。

(40) a. stage-level 叙述詞は，一時的であるため，可変的な特性を持つ。
　　　b. individual-level 叙述詞は，恒久的であるため，不変的な特性を持つ。

形容詞に -en を付加して作られる動詞は，状態変化を表す動詞である。そのために，この型の状態変化動詞を形容詞から作る時，その形容詞は可変性を特性に持つ（意味する）形容詞でなくてはならない。従って，形容詞＋en 型の動詞は，stage-level の形容詞から作られる動詞ということになる。

形容詞 smart を例にとり考えてみると，この形容詞には，次の二つの意味がある。一つは (40a) のような一時的状況を表す意味（すなわち，「ハイカラな」）と，もう一つは (40b) のような個人の属性を表す意味（すなわち，「利口な」）がある。前者は stage-level の特徴を持ち，後者は individual-level の特徴を持つ（丸田 1998：75）。

(41) smart：
　　　a. ハイカラな（well and fashionably dressed）⇔ 一時的状況を表す可変的な特性
　　　b. 利口な（intelligent, clever）⇔ 個人の資質を表す不変的な特性

この場合，(41a)(41b) の二つの意味のどちらが，この形容詞 smart から作られる動詞となるかを考えてみよう。

(42) smarten：

a. ハイカラにする
b. *聡明にする

　stage-levelの形容詞は一時的状況を表すため，典型的に変化しえる状態を述べるものである。そのために，stage-levelの形容詞が，形容詞から作られる動詞となりえる。他方，容易に変化することができない不変的特性である個人的性格・属性は，状態変化特性とはマッチしないため，状態変化を表す動詞にはならない。従って，形容詞 smart に -en を付加し，状態変化動詞 smarten を作った場合，その動詞は stage-level の特性を持つ (41a) の意味と関連づけられ，(41b) の意味とは関連づけられることはない。

III. 7　主語による同一動詞句のレベル変化

　動詞句によっては，それらと結び付く主語の特性によって，stage-level にも individual-level にもなりえる（Dowty（1972：55）参照）。どのような場合に，このようなことが生じるかを見てみよう。

|問題提起|　次の (43a)(43b)(44a)(44b) の動詞句は，stage-level であるか individual-level であるかを判定し，その理由を考えよ。

(43) a. The traffic light was green.
　　 b. The avocado was green.
(44) a. The dancing girls were nude.
　　 b. The statue in the garden was nude.

　(43) に a moment ago の副詞句，(44) に at midnight の副詞句を共起させた場合，(43a) と (43b) 及び (44a) と (44b) における容認性に差が生じる。この違いは，何を意味しているのであろうか。

(45) a. The traffic light was green a moment ago.

b. *The avocado was green a moment ago.
（46）a. The dancing girls were nude at midnight.
　　　b. *The statue in the garden was nude at midnight.

　（45a）（45b）及び（46a）（46b）の間における容認性の違いは，両者におけるレベル（stage-level と individual-level）の違いから生じると考えられる。副詞句 a moment ago（及び at midnight）は，ある一定の時間帯（一瞬の時間でも構わない）内での状況が成立することを示す時間限定副詞句である（Ⅲ.4 参照）。限定された時間帯で成立する状況を描写できるのは，stage-level の叙述詞である（Ⅲ.4.1 を参照）。従って，この副詞句と共起できるのは，stage-level の叙述詞である。例えば，信号機は赤・黄・青と時間ごとに変化するが，アボガドは green である固有の特性を持ち，時間によって色が変化することはない。信号機の green 表示は，一時的な状況であり，変化する（可変である）。他方，アボガドの green は，アボガド特有のもので，変化することはない（不変である）。そのために，（45a）（45b）が示すように，時間限定副詞句 a moment ago との共起可能性に差が生じている。
　（46）についても，同様のことが言える。the dancing girls は一時的（at midnight）に be nude の状況にあり，その be nude の状況は可変的状況である。他方，the statue in the garden は be nude であることが固有の状態であり，不変的状態である。従って，可変的な状況を表している（44a）が，at midnight のような時間限定副詞句と共起可能となる。
　以上のように，可変的な stage-level の叙述詞は一時的状況描写であるため，時間限定副詞（句）と共起可能となり，不変的な固有の特性を表す（恒久的な特性を表す）individual-level の叙述詞は任意的状況描写であるため，時間限定副詞（句）と共起不可能となる。そのために，（45a）（45b）及び（46a）（46b）のように容認性において差が生じる。

（47）（43a）（44a）は，一時的な状況を描写している。すなわち，一つの特別な状況が存在する読みを与える。（= stage-level）

(48) (43b) (44b) は，恒久的な特性を描写している。すなわち，全ての状況で成立する読みを与える。（＝individual-level）

以上のように，be green, be nudeのような叙述詞は，主語として結び付く名詞句が持つ特性によって，レベルの異なる読みが与えられる。

III. 8　まとめ

第III節では，動詞（句）の分類について，一時的・一空間的状況を表すかどうかを（意味）基準とし，それらの動詞（句）と一時点・一空間を表す副詞（句・節）との共起関係，There-構文での共起可能性，進行形での使用可能性を分類方法・手段とし，動詞（句）がstage-levelとindividual-levelに分類されることを見た。この分類方法を適用することによって，動詞（句）に関してアスペクトでの分類とはまた異なる分類方法が提示された。

(49) stage-level / individual-level 叙述詞の分類基準：
　　　叙述詞が表す意味が一時的状況か任意的状況か。
(50) stage-level / individual-level 叙述詞の分類方法：
　　　一時点・一空間を表す時間限定副詞節（when I met him）・場所限定副詞句（in the park）と共起可能かどうか。

状況に基づく分類基準・分類方法（51）を用いて叙述詞を分類すれば，stage-levelの叙述詞とindividual-levelの叙述詞は，(52)のように特徴づけられる。

(51) 分類基準・分類方法
　　a. stage-level 叙述詞：時間・空間限定副詞（句・節）と共起可能。
　　b. individual-level 叙述詞：時間・空間限定副詞（句・節）と共起不可能。
(52) 状況を基準とするstage-level / individual-level 叙述詞の特徴

a. stage-level 叙述詞：一つの限定された時間・空間で成立する状況を与える叙述詞。

　　　b. individual-level 叙述詞：任意の時間・空間で成立する状況を与える叙述詞。

(53) a. stage-level 叙述詞：be drunk, be available, be in the garden, be running fast（進行形）, have a good time

　　　b. individual-level 叙述詞：be tall, be intelligent, be a doctor（叙述用法での名詞句）, run fast（単純現在形）, have blue eyes

[練習課題]　(1a) と (1b) の下線部の裸複数名詞の意味の違いは，どのような日本語の違いとして表されるかを述べなさい。また，なぜそのような違いが，生じるかをも述べなさい。

(1) a. Horses have long tails.
　　b. Horses are sleeping in the stable.

[練習課題]　(2a) は (2b) のように進行形で容認されるが，(3a) は (3b) のように容認されない。その理由を述べなさい。

(2) a. John is angry fiercely again.
　　b. John is being angry fiercely again.
(3) a. John is tall.
　　b. *John is being tall.

[練習課題]　(4a) と (4b) の文は，容認性について異なる。(4a) は副詞句 two years ago と共起するが，(4b) は共起しない。なぜこのような容認性の違いが生じるかを説明しなさい。

(4) a. Mary was Miss America two years ago.

70　第一章　意味による動詞の分類

    b. *Mary was a woman two years ago.

練習課題　次の二つの文は，同じ動詞句 (be round yesterday afternoon) が使われているにもかかわらず，(5a) は容認可能であるが，(5b) は容認不可能である。この容認性の違いが生じる理由を述べなさい。

(5) a.　The beach ball was round yesterday afternoon.
    b.　*John's head was round yesterday afternoon.

IV. 描写二次叙述詞

　動詞と結び付いている要素には，その動詞にとって不可欠なものと，そうでないものがある。すなわち，動詞によって選択される要素と，そうでない要素がある。前者は項（arguments）と呼ばれ，後者は付加詞（adjunct）と呼ばれる。描写二次叙述詞（depictive secondary predicate）は，付加詞と見なされる要素である。そのために，この二次叙述詞は，主動詞（matrix verb）による選択制限がないと考えられる。しかし，実際はそのようでない。付加詞と考えられる描写二次叙述詞が他動詞文に付加される場合，次の（1）〜（3）が示すように，どのような形容詞でも描写二次叙述詞として容認されるという訳ではない。何がしかの制限が，主動詞と描写の二次叙述詞の間にあると考えられる。(Rapoport (1991, 1993), Dowty (1972) 参照。)

(1) a. John ate the chickens$_i$ raw$_i$.
　　b. *John ate the chickens$_i$ large$_i$.
(2) a. Eli bought the glass$_i$ new$_i$.
　　b. *Eli bought the glass$_i$ green$_i$.

(Rapoport 1993：171)

(3) a. I met John$_i$ drunk$_i$ / naked$_i$.
　　b. *I met John$_i$ intelligent$_i$ / tall$_i$.

　また，付加叙述詞を持つ構文（付加叙述詞構文（adjunct-predicate construction）と呼ばれる構文で，以下付加詞構文と略す）の主動詞は，次の（4）〜（6）が示すように，どのような動詞であっても，その構文が成立するという訳ではない。

(4) a. *Noa owns chickens_i young_i.

　　b. Noa cooks chickens_i young_i.

　　　　　　　　　　　　　　　　　（Rapoport 1993：172）

(5) a. *Noa_i knew the answers drunk_i.

　　b. Noa_i wrote the answers drunk_i.

　　　　　　　　　　　　　　　　　（Rapoport 1991：169）

(6) a. *John_i is dead happy_i.

　　b. John_i died happy_i.

　(1)～(6)で示されるように，付加叙述詞である描写二次叙述詞は，形容詞であればいかなる形容詞であっても容認される訳ではなく，また，付加詞構文の主動詞も，いかなる動詞であっても付加詞構文として成立する訳ではない。それでは，どのような形容詞が描写二次叙述詞として容認され，また，どのような主動詞が付加詞構文で用いられるのであろうか。そして，付加詞構文はどのような条件の下で容認され，それは，どのような特徴を持つ構文であるのか。これらの問題について，本節で考えてみよう。

　さらに，描写二次叙述詞と結果二次叙述詞とは，それぞれの特徴が大きく異なる。両者の違いは，叙述される状況に見られる。二次叙述詞と関係づけられる名詞句は，ホストNPと呼ばれ，結果二次叙述詞はそのNPが表す対象物の最終状態を表し，描写二次叙述詞は主動詞で表される行為・出来事の始発時におけるホストNPの状況・状態を表す（Rapoport 1991：161, Dowty 1972：foot-note 1）。

(7) a. John painted the house_i white_i.　　（結果二次叙述詞）

　　b. After John finished painting the house, it was white.

(8) a. John ate the meat_i raw_i.　　（描写二次叙述詞）

　　b. John ate the meat and at the time that he ate the meat, it was raw.

Rapoport（1991）やDowty（1972）が示しているように，(8a)の叙述が(8b)のようにパラフレーズされると，描写二次叙述詞は主動詞で描写される出来事の始発時，及び，出来事の展開中でのホストNPの状況・状態を表していると言える。従って，ここでは描写二次叙述詞は，次のように特徴づけられる状況・状態を表していると考える。この考えについては，Ⅳ.2.2及びⅣ.2.3でもう少し詳しく検証する。

　(9) 描写二次叙述詞の働き：主動詞で描写される行為・出来事の始発時，及び，行為・出来事の展開中におけるホストNPの状況・状態を表す。

　以下で，(9)で表した描写二次叙述詞の働きを考慮しつつ，次の4つの問題に取り組むことにする。

　|問題提起|　(i) どのような特性を持つ叙述詞が，描写二次叙述詞として容認されるか。
　　　　(ii) どのような特性を持つ動詞が，付加詞構文の主動詞（句）になりえるか。
　　　　(iii) 付加詞構文が成立するための条件は何か。
　　　　(iv) 付加詞構文の特徴はどのようなものか。

Ⅳ.1　描写二次叙述詞の特徴

　(1)～(6)で見たように，形容詞であれば，どのような形容詞でも付加詞構文の描写二次叙述詞として容認される訳ではなく，動詞であればどのような動詞でも付加詞構文の主動詞として成立する訳でもない。言い換えると，付加詞構文は，その主動詞（句）と付加叙述詞に対して，ある特別な制約・条件を課していると考えられる。すなわち，付加詞構文として成立するためには，描写二次叙述詞と主動詞（句）との間に，ある一定の意味的な制約・条件があると考えられる。その制約・条件とは，どのようなものであるかを考え，付加詞構文が持つ特徴を明らかに

するのが，ここでの目標である。まず，描写二次叙述詞として容認される形容詞は，どのような形容詞であるかを見てみよう。

|問題提起|　描写二次叙述詞として容認される形容詞とは，どのような形容詞か。

　描写二次叙述詞は，それが形容詞であれば，どのような形容詞でも容認可能な訳ではない。それでは，付加詞構文で容認される形容詞にはどのようなものがあるかを，具体的に見てみよう。

(10) a. Roni bought the dog$_i$ sick$_i$.
　　 b. *Roni bought the dog$_i$ intelligent$_i$.
(11) a. Roni cut the bread$_i$ wet$_i$.
　　 b. *Roni cut the bread$_i$ white$_i$.
(12) a. Ayala sold the book$_i$ used$_i$.
　　 b. *Ayala sold the book$_i$ interesting$_i$.
(13) a. Mixa broke the glass$_i$ new$_i$.
　　 b. *Mixa broke the glass$_i$ blue$_i$.

(Rapoport 1991：168)

(14) a. John ate the chickens$_i$ raw$_i$. (=(1))
　　 b. *John ate the chickens$_i$ large$_i$.
(15) a. Eli bought the glass$_i$ new$_i$. (=(2))
　　 b. *Eli bought the glass$_i$ green$_i$.

(Rapoport 1993：171)

(10)〜(15)で見られるように，描写二次叙述詞として容認される形容詞と容認されない形容詞は，次のように分けられる。

(16) a. 描写二次叙述詞として容認される形容詞：raw, new, sick, wet, used, etc.

b. 描写二次叙述詞として容認されない形容詞：large, green, intelligent, white, etc.

　描写二次叙述詞として容認される形容詞とそうでない形容詞の間には，どのような意味特性上の違いがあるかを，次に見てみよう。まず，描写二次叙述詞として容認される形容詞の特徴から見てみる。

|問題提起|　描写二次叙述詞として成立するためには，どのような意味特性を持つ形容詞であるか。

　付加詞構文では，どのような特徴を持つ形容詞が容認され，どのような特徴を持つ形容詞が容認されないか。この容認性を二分する意味特性とは，どのようなものであるかを見てみよう。
　容認される形容詞 raw, wet, sick が，ホストNPに対してどのような状況描写をしているかを見てみると，ホストNPの対象物に一時的な特性（temporary property）を与えていることがわかる。この特性を持つ形容詞は，一時的な状況で成立し，可変的な状況を表す叙述詞，すなわち，stage-level の叙述詞である（Carlson 1980）。

（17）stage-level 叙述詞：raw, wet, sick, drunk
　　　（一時的な状況で成立する叙述詞）

　他方，描写二次叙述詞として容認されない intelligent, large, white のような形容詞は，ホストNPの対象物が持つ固有の特性を表す叙述詞である。この特性は，永続的で不変的である。このような特性を持つ形容詞は，individual-level の叙述詞である（Carlson 1980）。

（18）individual-level 叙述詞：intelligent, large, white, stupid
　　　（永続的な状況で成立する叙述詞）

以上のことより，付加詞構文が成立するための必要な条件は，描写二次叙述詞がstage-level叙述詞でなくてはならないことになる。

(19) 付加詞構文の条件：描写二次叙述詞はstage-level叙述詞でなくてはならない。

次に描写二次叙述詞は，なぜstage-levelでなくてはならないかの理由を考えてみよう。

Ⅳ.2　描写二次叙述詞と主動詞（句）の意味関係

この節では，主動詞（句）が表す状況とホストNP＋描写二次叙述詞（すなわち，ホストNPが表す状況・状態）の関係は，どのように関連づけられているかを見てみよう。

Ⅳ.2.1　付加詞構文の主動詞（句）の特徴

付加詞構文が成立する場合の，主動詞（句）の特徴をまず見てみよう。

問題提起 付加詞構文の主動詞（句）は，どのような特徴を持つ動詞か。

付加詞構文の主動詞の特徴を見てみると，動詞であればいかなる動詞でも付加詞構文で用いられる訳ではないことがわかる。

(20) a. *Noa owns chickens$_i$ young$_i$.（=(4a)）
　　 b. Noas cooks chickens$_i$ young$_i$.（=(4b)）
(21) a. *Noa$_i$ knew the answers drunk$_i$.（=(5a)）
　　 b. Noa$_i$ wrote the answers drunk$_i$.（=(5b)）
(22) a. *John$_i$ is dead happy$_i$.（=(6a)）
　　 b. John$_i$ died happy$_i$.（=(6b)）

(20b)(21b)(22b)は，付加詞構文として成立し，(20a)(21a)(22a)

は，成立しない。付加詞構文で容認される主動詞と容認されない主動詞には，どのような違いが見られるのであろうか。実際，両者には大きな違いが見られる。この構文で容認可能な動詞（句）cooks chickens, wrote the answer, died は，dynamic 動詞（句），すなわち，出来事を表す動詞（句）であり，容認不可能な動詞（句）own chickens, knew the answer, is dead は，stative 動詞（句），すなわち，状態を表す動詞（句）である。

(23) a. dynamic 動詞：die, write, cook, etc.
　　　b. stative 動詞：be dead, own, know, etc.

(20b) (21b) (22b) で見られるように，付加詞構文での主動詞（句）は dynamic 動詞（句）で，出来事を表している。以上のことより，次のような条件が付加詞構文の成立に必要となる。

(24) 付加詞構文の成立条件(I)：付加詞構文の主動詞（句）は，出来事を表す dynamic 動詞（句）に限られる。

また，dynamic 動詞（句）で表される出来事と stative 動詞（句）で表される状態を，時間及び空間で表される状況に基づいて特徴づけると，次のようになる。(Chierchia (1995), Kratzer (1995) 参照。)

(25) a. (dynamic 動詞（句）で表される) 出来事とは，限定された時間及び空間で成立する一つの状況である。
　　　b. (stative 動詞（句）で表される) 状態とは，任意の時間及び空間で成立する状況である。

dynamic 動詞（句）で表される出来事は，一時的かつ一空間的に限定された状況で成立しているために，stage-level 叙述詞で表される状況である。他方，stative 動詞（句）で表される状態は，任意な時間・空間で成立するために，individual-level 叙述詞で表される状況と言える。

従って，付加詞構文の主動詞（句）について，次のことが成立する。

(26) 付加詞構文の主動詞（句）は，stage-levelの動詞（句）である。

Ⅳ.2.2　描写二次叙述詞と主動詞（句）の時間関係
　次に，付加詞構文が成立するためには，描写二次叙述詞がstage-levelでなくてはならない理由を考えてみよう。

|問題提起|　なぜ，付加詞構文の描写二次叙述詞は，stage-level叙述詞でなくてはならないのか。

　付加詞構文は無条件に成立する訳ではなく，成立するためには，付加叙述詞と主動詞の間に何らかの条件があると考えられる。それが，付加詞構文の成立条件である。その条件とはいかなるものかを考える前に，描写二次叙述詞と主動詞（句）との間には，どのような時間的な関係が成り立っているかを見てみよう。

|問題提起|　描写二次叙述詞の表す状況・状態と，主動詞（句）の表す出来事との間には，どのような関係が時間的に成立しているか。

　まず，描写二次叙述詞で表されるホストNPの状況と主動詞（句）が表す出来事の間で成立する，時間的関係を明らかにすることから始める。このことを明らかにすることにより，付加詞構文での描写二次叙述詞が，なぜstage-levelであるべきかが，解明できると考える。
　次の(27a)は，容認不可能な文である (Rapoport 1991：164)。なぜ，この文が容認不可能なのか。その理由を明らかにすることにより，付加詞構文の描写二次叙述詞が，なぜstage-levelでなくてはならないかが，明らかにされる。

(27) a.　*I ate the meat$_i$ raw$_i$, after frying it up.

(Rapoport 1991：164)

b. I ate the meat, after frying it up.

　付加詞構文である (27a) が容認不可能な理由を，容認可能な (27b) と比較しながら考えてみよう。(27b) では，油で揚げる行為が先に起こり，その後に食べる行為が来ることが表されている。従って，「私がその肉を食べた時 (when I ate the meat)，その肉は生でなく油で揚げた肉であった」という事態が，(27b) で述べられている。

　それでは，(27a) が，なぜ容認（もしくは，解釈）不可能であるかを考えてみよう。その理由は，主節と従属節の間で表される状況に矛盾が生じ，解釈不可能となるからである。すなわち，私が肉を食べた (I ate the meat) 時，肉は揚げられており，生 (raw) でなくなっていなければならない。しかし，主節 (I ate the meat raw) は，そのような状況を表していない。従属節で表される先行行為での状況は，その肉を油で揚げ (frying it up)，肉は生でなくなっていることを表しているが，主節で表される後続行為での状況は，肉は生であることを表している。先行行為である従属節で表される肉の状態と，後続行為である主節で表される肉の状態が一致していないために，矛盾が生じ，解釈不可能となっている。このことは，付加詞構文の描写二次叙述詞は，主動詞（句）の表す出来事と同一時間帯でのホストNPの状況・状態を表し，その出来事と時間的に完全にリンクされていることを物語っている。従って，一つの付加詞構文が容認されるためには，付加叙述詞と主動詞（句）との間で時間的に完全にリンクされていなければならない。このリンク付けが，付加詞構文を成立させる条件であり，(9) で述べた描写二次叙述詞についての働きを表すものである。

(28) 付加詞構文の成立条件(Ⅱ)：主動詞（句）の表す出来事と，付加叙述詞で表される状況とが，時間的に完全にリンクされていなければならない。

Ⅳ.2.3　付加詞構文における時間的リンク付け

時間的リンク付けとは，どのようなことを意味するかをもう少し見てみよう。

|問題提起|　付加詞構文成立のための時間的リンク付けとは，どのようなことを意味するのか。

　主動詞（句）がstage-level叙述詞である時，その動詞（句）が表す状況は，一時的・一空間的状況（すなわち，出来事）である。付加叙述詞は，この一時的・一空間的状況の描写と時間的に関連づけられねばならない。そのためには，付加叙述詞自体もまた，時間的に限定された状況を表す叙述詞でなくてはならない。そうでなければ，この時間的関連づけ，すなわち，時間的リンク付けがなされないことになる。言い換えると，描写二次叙述詞もまた，一時的・一空間的状況の描写でなければ，主動詞（句）で表される出来事と時間的に完全にリンクされないことになる。この理由により，任意の状況で成立するindividual-levelの形容叙述詞が，描写の二次叙述詞として容認されないことになる。（Ⅲ.4.4参照。）

(29) a.　*John ate the meat$_i$ large$_i$.
　　 b.　*John cut the bread$_i$ white$_i$.
　　 c.　*John sold the book$_i$ interesting$_i$.

　以上の理由で，主動詞（句）で表される一つの時間的・空間的に限定された出来事にリンクされるためには，付加叙述詞もまた，時間的・空間的に限定された状況・状態を表す叙述詞でなければならないのである。この時間的リンク付けによって，付加詞構文における描写二次叙述詞が容認される。このリンク付けが，付加詞構文の成立条件であり，この条件に合致する叙述詞が描写二次叙述詞の資格を持つ。その叙述詞とは，stage-levelの叙述詞である。従って，付加詞構文の描写二次叙述詞

が，なぜstage-levelでなくてはならないかが理解される。付加詞構文の成立条件をまとめると，次のようになる。

(30) 付加詞構文の成立条件(Ⅲ)：描写二次叙述詞の表す描写状況・状態は，主動詞（句）で描写される出来事に時間的にリンクされねばならない。すなわち，主動詞（句）が表す出来事と，描写二次叙述詞が表す状況とは，限られた時間帯で，かつ，同一時間帯で成立しなければならない。

項が主動詞とリンクされるように，付加叙述詞もまた，主動詞の描写する出来事と時間的にリンクされねばならない。項は統語的に主動詞とリンクされ，付加叙述詞である描写二次叙述詞は意味的に主動詞とリンクされていると言える。すなわち，描写二次叙述詞が付加詞構文で容認されるためには，その主動詞句が表すstage-levelの描写と時間的にリンクされる状況・状態を表す叙述詞，すなわち，stage-level叙述詞でなくてはならないことになる（Rapoport（1991，1993）参照）。

Ⅳ.3 まとめ

付加詞構文における描写二次叙述詞と主動詞（句）とのリンク付けがなされて初めて，付加詞構文が成立可能となる。このことは，描写二次叙述詞と主動詞（句）との間に特別な意味関係が成立していることを意味する。すなわち，(31a)（=(8a)）は，(31b)のような意味を持つ。

(31) a. John ate the meat$_i$ raw$_i$.
    b. There is an event that was the eating of the meat by John and the meat was raw in that event.

そして，この意味関係の成立が，描写二次叙述詞が付加叙述詞として容認される条件であると考えられる。

最後に付加詞構文が成立するための条件を，次のようにまとめておく。

(32) a. 付加詞構文の主動詞（句）が表す状況は，一時的・一空間的状況である。すなわち，stage-level 叙述詞で表される状況である。

b. 付加詞構文が成立するためには，描写二次叙述詞と主動詞（句）との間で，リンク付けが意味的になされていなければならない。主動詞（句）で表される出来事と時間的にリンクされるためには，付加詞である描写二次叙述詞もまた，一時的・一空間的状況を描写しなければならない。すなわち，付加詞構文の付加叙述詞もまた，一時的・一空間的状況を表す stage-level の叙述詞でなくてはならない。

練習課題 次の（1a）は付加詞構文として容認されるが，（1b）は付加詞構文として容認されない。描写二次叙述詞の特徴を，これらの二つの文の容認性の違いから述べなさい。

(1) a. I met Mary$_i$ drunk$_i$.
 b. *I met Mary$_i$ stupid$_i$.

練習課題 次の（2a）は付加詞構文として容認されるが，（2b）は付加詞構文として容認されない。その理由を述べなさい。

(2) a. John$_i$ wrote the fact drunk$_i$.
 b. *John$_i$ knew the fact drunk$_i$.

参考文献

Bach, Emmon. (1986) "The Algebra of Events," *Linguistics and Philosophy* 9, 5-16.

＿＿. (1989) *Informal Lectures on Formal Semantics*, State University of New York, New York.

Carlson, Gregory. (1980) *Reference to Kinds in English*, Garland, New York.

Carlson, Lairo. (1981) "Aspect and Quantification," *Syntax and Semantics 14*, ed. by Phillip Tedeschi and Annie Zaenen, 31-62, Academic Press, New York.

Chierchia, Gennaro. (1995) "Stage-Level Predicates as Inherent Generics," *The Generic Book*, ed. by Gregory Carlson and Francis Jeffry Pelletier, 176-223, University of Chicago Press, Chicago.

Dahl, Östen. (1981) "On the Definition of the Telic-Atelic Distinction," *Syntax and Semanics 14*, ed. by Philip Tedeschi and Annie Zaenen, 79-90, Academic Press, New York.

Davidson, Donald. (1980) *Essays on Actions & Events*, Oxford University Press, London.

Diesing, Molly. (1992) *Indefinites*, MIT Press, MA.

Dowty, David. (1972) "Temporally Restrictive Adjectives," *Syntax and Semantics 1*, 51-62, ed. by John Kimball, Taishukan, Tokyo.

___. (1977) "Toward a Semantic Analysis of Verb Aspect and the English 'Imperfective' Progressive," *Linguistics and Philosophy 1*, 45-78.

___. (1979) *Word Meaning and Montague Grammar*, Reidel, Dordrecht.

Fillmore, Charles J. (1970) "The Grammar of *Hitting* and *Breaking*," *Readings in English Transformational Grammar*, ed. by Roderick A. Jacobs and Peter Rosenbaum, 120-133, Ginn, MA.

Giorgi, Alessandra and Fabio Pianesi. (2001) "Ways of Terminating," *Semantic Interfaces*, ed. by Carlo Cecchetta, Gennaro Chierchia and Maria Terresa Grasti, 211-277, CSLI Publication, Stanford, CA.

Higginbotham, James. (1995) *Sense and Syntax*, Claredon Press, Oxford.

Jackendoff, Ray. (1990) *Semantic Structures*, MIT Press, MA.

Kearns, Kate. (2000) *Semantics*, St. Martin's Press, London.

___. (2003) "Durative Achievement and Individual Predicates on Events," *Linguistics and Philosophy Vol. 26, No. 5*, 595-635.

Kratzer, Angelika. (1995) "Stage-level and Individual-level Predicates," *The Generic Book*, ed. by Gregory Carlson and Francis Jeffry Pelletier, 125-

175, University of Chicago Press, Chicago.

Krifka, Manfred. (1989) "Nominal Reference, Temporal Constitution, and Quantification in Event Semantics," *Semantics and Contextual Expression*, ed. by Renate Bartsch, Johan van Benthem, and Peter van Emde Boas, 75-116, Foris, Dordrecht.

___. (1992) "Thematic Relations as Links between Nominal Reference and Temporal Constitution," *Lexical Matters*, ed. by Ivan Sag and Anna Szabolcsi, 29-53, University of Chicago Press, Chicago.

___. (1998) "The Origins of Telicity," *Events of Grammar*, ed. by Suzan Rothstein, 197-236, Kluwer, Dordrecht.

Landman, Fred. (1992) "The Progressive," *Natural Language Semantics 1*, 1-32.

Levin, Beth. and M. Rappaport Hovav. (1995) *Unaccusativity*, MIT Press, MA.

Lumsden, Michael. (1988) *Existential Sentences*, Routledge, London.

Milsark, Gary. (1977) "Toward an Explanation of Certain Peculiarities of the Existential Construction in English," *Linguistic Analysis Vol. 3, No.1*, 1-30.

Mittowoch, Anita. (1988) "Aspect of English Aspect : On the Interaction of Perfect, Progressive and Durational Phrases," *Linguistics and Philosophy 11*, 203-254.

Montague, Richard. (1974) *Formal Philosophy : Selected Papers of Richard Montague*, ed. by Richmond Thomason, Yale University Press, New Haven.

Parsons, Terence. (1985) "Underlying Events in the Logical Analysis of English," *Action And Events*, ed. by Ernest LePore and Brian MacLaughlin, 235-267, Blackwell, Oxford.

___. (1989) "The Progressive in English : Events, States and Processes," *Linguistics and Philosophy 12*, 213-242.

___. (1990) *Events in the Semantics of English*, MIT Press, MA.

Pustejovsky, James. (1995) *The Generative Lexicon*, MIT Press, MA.

Rapoport, Tova R. (1991) "Adjunct-Predicate Licensing and D-Structure," *Syntax and Semantics 25*, ed. by Susan Rothstein, 159-187, Academic Press, New York.

___. (1993) "Stage and Adjunct Predicates : Licensing and Structure in Secondary Predication Constructions," *Lexical and Conceptual Structure*, ed. by Eric Reuland and Werner Abraham, 157-182, Kluwer Academic, Boston.

Rothstein, Susan. (1999) "Fine-grained Structure in the Eventuality Domain : The Semantics of Predicative Adjective Phrases and *Be*," *Natural Language Semantics 7*, 347-420.

___. (2004) *Structuring Events*, Blackwell, MA.

Singh, Mona. (1998) "On the Semantics of the Perfect Aspect," *Natural Language Semantics 6*, 169-199.

Stowell, Tim. (1978) "What Was There Before There Was There.," *CLS 14*, 458-471, Chicago Linguistic Society, Chicago.

Taylor, Barry. (1977) "Tense and Continuity," *Linguistics and Philosophy 1*, 199-220.

Tenny, Carol. (1992) "The Aspectual Interface Hypothesis," *Lexical Matters*, ed. by Ivan Sag and Anna Szabolsci, 1-28, CSLI Publication, CA.

___. (1994) *Aspectual Roles and the Syntax-Semantics Interface*, Kluwer, Dordrecht.

Vendler, Zeno. (1967) *Linguistics in Philosophy*, Cornell University Press, Ithaca.

Verkuyl, Henk. (1993) *A Theory of Aspectuality*, Cambridge University Press, Cambridge.

___. (1999) *Aspect Issues*, CSLI Publication, CA.

Vlach, Frank. (1981) "The Semantics of the Progressive," *Syntax and Semantics 14*, ed. by Philip Tedeschi and Annie Zaenan, 271-292, Academic Press, New York.

Voorst, Jan van. (1988) *Event Structure*, John Benjamins, Amsterdam.

Yoshikawa, Hiroshi. (2003) "A Semantic Analysis of Accomplishment on the Basis of Event Semantics," *English Linguistics 20*, 535-561.

Zucchi, Sandro (1999) "Incomplete Events, Intensionality and Imperfective Aspect," *Natural Language Semantics 7*, 179-215.

＿, and Micheal White. (2001) "Twigs, Sequences and Temporal Constitution of Predicates," *Linguistics and Philosophy 24*, 223-270.

安藤貞雄 (1983)『英語教師の文法研究』大修館書店
池上嘉彦 (編) (1996)『英語の意味』大修館書店
＿ (2000)『「する」と「なる」の言語学』大修館書店
今井邦彦 (1995)『英語の使い方』大修館書店
上野誠司・影山太郎 (1996)「移動と経路の表現」影山太郎 (編)『動詞の意味と構文』40-67.
小野尚之 (2005)『生成語彙意味論』くろしお出版
影山太郎 (1996)『動詞意味論―言語と認知の接点―』くろしお出版
＿ (編) (2001)『動詞の意味と構文』大修館書店
＿・由本陽子 (1997)『語形成と概念構造』研究社出版
岸本秀樹 (1996)「壁塗り構文」影山太郎 (編)『動詞の意味と構文』100-126.
金田一春彦 (編) (1976)『日本語のアスペクト』むぎ書房
丸田忠雄 (1998)『使役動詞のアナトミー』松柏社
水谷静夫・石綿敏雄・萩原孝野・賀来直子・草薙裕 (1983)『文法と意味』朝倉書店
水谷信子 (1985)『日英比較　話しことばの文法』くろしお出版
三原健一 (1997)「動詞のアスペクト構造」鷲尾龍一・三原健一『ヴォイスとアスペクト』108-184.
吉川　洋 (2004)「イベント意味論における項とアスペクト」姫路工業大学環境人間学部研究報告　第6号, 153-166.
＿ (2005)「達成タイプ動詞句の二項イベント分析」兵庫県立大学　環境人間学部研究報告　第7号, 205-212.
＿ (2009)「測定とアスペクト」兵庫県立大学　環境人間学部研究報告　第

11 号，251-263.

_____ (2013)「自・他交替−非対格性について」兵庫県立大学　環境人間学部研究報告　第 15 号，73-88.

_____ (2014)「stage-level 叙述詞と individual-level 叙述詞について」兵庫県立大学　環境人間学部研究報告　第 16 号，123-138.

_____・友繁義典（2008）『英語の意味とニュアンス』大修館書店

米山三明・加賀信広（2001）『語の意味と意味役割』研究社出版

鷲尾龍一・三原健一（1997）『ヴォイスとアスペクト』研究社出版

第二章 意味的・語用論的動詞の分析

はじめに

　本章では,「come と go」,「思考・判断・認識を表す動詞」,「to-不定詞と-ing 形（動名詞と分詞）」,「for-to-不定詞補文, to-不定詞補文及び that 補文」,「使役文」に関して観察することにする。先ず, 第Ⅰ節では, come と go に関しては,「come と go の意味論」というタイトルの下で, 特に「come＋形容詞」と「go＋形容詞」の形式に関する考察を通して, come と go の違いに迫る。例えば, 次の (1a) と (1b) に関しては, (1a) では come だけが許され, (1b) では go だけが許される。

（1）a. The soccer game came / *went alive in the second half.
　　 b. All the eggs in the basket went / *came bad.

「come＋形容詞」と「go＋形容詞」は状態変化を示すという点で共通しているが, その棲み分けはどのようになっているのかを考察する。また, come と go 以外に, 状態変化を表す動詞に become や turn などがあるが, これらの動詞と come と go はどのように違うか少し触れる。
　第Ⅱ節では,「思考・判断・認識を表す動詞に関する意味論」というタイトルの下で, believe, consider, think, know などの動詞の表す意味と, それらに後続する補文の選択の原理について考察を行う。この節では, 特に「類像性」（iconicity）の考えをベースに議論を展開する。本章で, 詳述するスペースはないが, Haiman（1983, 1985）, Verspoor（1996, 1999）あるいは Lakoff & Johnson（1980）などで展開されているのが「類像性」という概念である。この類像性を端的に説明すると, 言語記号と指示対象が（ある程度まで）直接的な類似性を持つことを言う。例えば, 話し手が現実世界である出来事を経験した場合, 通常は, その出来事が生起した順番の通りに言語化されるが, これは言語の類像

性を示す一例となるであろう。すなわち，出来事 E が，生起順に下位出来事 a, b, c を含む場合，通例，話し手は，a, b, c, の順に言語化し（E (a, b, c)），(E (b, c, a)) あるいは (E (c, b, a)) のようには言語化しない。

　また，「文法形式（語，句，構文）における構成要素の配列関係は，それが表す概念構造における構成要素の配列関係を図像的に写像する（Haiman 1983, 1985）」という考え方がある。例えば，次の例では，否定される形容詞 kind と否定辞との統語上の距離が近ければ近い程，否定の意味が強くなり，両者が統語上遠ければ遠い程，否定の意味が弱くなる。したがって，否定辞が形容詞 kind を否定する強さを比べると，次の (2a) が最も否定の意味が強いのは，否定辞 un と kind が合体して一語になっているからであり，次に (2b)，そして (2c) が最も弱い。否定の意味が最も弱い文が (2c) である理由は，否定辞 n't（＝not）が主節に繰り上げられ，それが kind から最も距離が離れているからに他ならない。

(2) a. I think John is unkind.
　　b. I think John is not kind.
　　c. I don't think John is kind.

　このように，概念的距離が言語的距離に一致する場合が認められるが，これも言語の類像性の概念を示す一つの例である（Lakoff and Johnson 1980）。また，第Ⅱ節では，次のような例について考察する。

(3) a. I consider that she is intelligent.
　　b. I consider her to be intelligent.
　　c. I consider her intelligent.

　consider は，(3a) (3b) (3c) に見られるように三つの異なった補文を従えることが可能である。(3a) のように that 補文を用いると，主節 I considerとその内容は最も距離があるものと捉えられていて，話し手の思いは客観的なデータによるもので，直接自分が導き出したものではないということを示唆している。また，(3c) の I consider her intelligent. は，主節 I consider と her intelligent が隣接しており，この場合は話し手の直接体験による her に関する判断を表すとされる。この文は，her の言動から直接的に彼女の「聡明さ」を感じたことが述べられているわけである。(3b) では，her と intelligent の間に to be が介在しており，この場合，話し手は「彼女の知的ぶり」を間接的に感知したものと解釈される。このような類像性の考え方を援用しながら，第Ⅱ節で，思考・判断・認識を表す動詞に関して考察する。

第Ⅲ節では，いわゆる準動詞として扱われている to-不定詞と動名詞，分詞に関して見ていく。例えば，次の (4a) と (4b) のような例に関して，両者にどのような意味の違いがあるのであろうか。

(4) a. John tried to drive the car.
　　 b. John tried driving the car.

この節では，(4a) と (4b) のような似通った表現の間の意味・ニュアンスの違いを確認する。

第Ⅳ節では，for-to-不定詞補文，to-不定詞補文及び that 補文を持つ構文に関して見ていく。例えば，次の (5a) と (5b)，(6a) と (6b) そして (7a) と (7b) の各ペアの文の間には，どのような違いがあるのであろうか。

(5) a. I'd like for you to come to my office.
　　 b. I'd like you to come to my office.
(6) a. I persuaded Mary to leave.
　　 b. I persuaded that Mary should leave.
(7) a. I hoped for John to help me.
　　 b. I hoped that John would help me.

この節では，いわゆる「類像性」(iconicity) の概念を適用することによって，for-to-不定詞補文，to-不定詞補文及びthat補文の使い分けを検討する。

　第V節では，いわゆる「使役文」に関して見ていく。周知のように，英語では，cause, make, have, get, letあるいはforceなどが使役動詞として用いられるが，当然それらが同じように用いられるわけではなく，それぞれの動詞がそれぞれの役割を果たしていることをcause, make, have, getに的を絞って観察をする。その結果，それらの動詞がいわば相補分布，すなわち，互いに生ずる環境が重ならないように分布していることを確認することになる。

　本章では，以上の五つの項目に関して考察をするが，すべての項目に共通する考え方は，現代言語学では常識的になっていると思われるいわゆる「一つの形式に対して一つの意味が対応する (one form-one meaning)」とする考え方である。これは，Bolinger (1977) において具体的に展開されている概念である。本章では，「形式が違えば意味も違う」「形式に共通性があれば意味にも共通性がある」ということを，以下の五つの節に渡って確認していくことになるであろう。

I. come と go の意味論

　come には「来る」の日本語が，また，go には「行く」の日本語が対応することが多いのは確かであるが，単純にこのような英語と日本語の対応関係を述べるだけでは，ことが済まない場合がある。本節では，特に状態変化を表す「come＋形容詞」と「go＋形容詞」の形式について，意味的・語用論的観点より考察していく。

I.1 「come＋形容詞」と「go＋形容詞」

　状態変化を表す形式に，「come＋形容詞」のパターンと「go＋形容詞」のパターンがある。come と go のいずれもこれらの形式においては，一種の「起動相（アスペクト）」を表す動詞句として機能している。つまり，「…になる」の意味で「come＋形容詞」と「go＋形容詞」のいずれの形式も用いられる。したがって，これらの形式は，意味的には「become＋形容詞」や「turn＋形容詞」に近いということになる。以下で，「come＋形容詞」と「go＋形容詞」に関して見ていくことにする。

> **問題提起**　状態変化を表す「come＋形容詞」と「go＋形容詞」は意味的にどのように違い，どのように使い分けられているのか。言い換えると，どのような場合に「come＋形容詞」が用いられ，どのような場合に「go＋形容詞」が用いられるのか。両者の使い分けの原理はどのようなものか。

　先ず，Hornby（1975：109）が挙げている次の例を見ることにする。

(1) a. Her dreams have come true.
　　b. Everything will come right in the end.

c. The hinge has come loose.
　　d. My shoelaces have come undone.
　　e. The knot came untied.
　　f. The seam came unstitched / unsewn.

　（1a）は，「彼女の夢が実現した」を，また（1b）は，「すべてのことが最後にはうまくいくだろう」をそれぞれ意味する。したがって（1a）と（1b）は好ましい状態への変化を述べていると言える。Hornby（1975：109）は，un-を接頭辞に持つ単語とcomeが結びつくと，望ましくない（undesirable）あるいは，不満足な（unsatisfactory）状態を表すと説明している。確かに，その説明通り，（1c）（1d）（1e）及び（1f）は，良くない状態への変化を描写している。（1c）は，「蝶番が緩んできた」を，（1d）は，「靴紐が緩くなっている」を，（1e）は，「綱の結び目が緩んでいる」を，また，（1f）は，「縫い目がほころびた」をそれぞれ意味しており，確かに，いずれも好ましくない状態への変化を表していると言える。しかし，例えば，（1e）は，結び目をほどくことに成功した時にも用いることができる。さらに，The door came unhinged. のような例も，良い状態あるいは悪い状態のいずれの解釈も許す。つまり，「ドアが外れた」状態は，困った状態を表すだけでなく，ドアを外すという行為が成功したことをも表す。なお，「come＋un-V-ed」のパターンは，「元の原初的な状態に戻る」ことを表す場合があるが，（1d）（1e）及び（1f）がそのような例である。また，（1c）ではun-V-edが用いられてはいないが，come looseも元の原初的な状態に戻ることを表現していると解釈できる。

　これまでの観察をまとめてみると，「come＋形容詞」の形式は，良い状態と悪い状態への移動のいずれをも表すことがわかる。ただし，注意すべき点は，ある状態が良いあるいは悪いと言う場合，それは意味論的にだけでなく，現実世界の知識に基づく語用論的な判断という意味においてそうである，という点である。つまり，「come＋形容詞」の形式は，語用論的なレベルにおいて良い「状態変化」と悪い「状態変化」のいずれ

I. comeとgoの意味論　95

の解釈もなされることもあるということになる。[1]

　次に,「go＋形容詞」のパターンについてはどうであろうか。Hornby (1975 : 110) が挙げている次の例を見ることにしよう。

(2) a. She went pale at the news.
　　b. The milk went sour.
　　c. The engine went dead.
　　d. His hair has gone white.
　　e. He's going bald.
　　f. He went mad / insane.
　　g. Her cheeks went very pretty pink.

「go＋形容詞」は，悪い状態への変化を表すとしばしば説明される。確かに,（2a)〜(2f) までの例は, 良い状態変化を表してはいない。しかし (2g) は, 悪い意味合いだけを持つとは言えない例である。これは, 単に, 通常の頬の色がピンク色に変化したことを言い表しており, 恥ずかしさで頬をピンクに染めたのか, あるいは喜びでそうなったのかの判断は, 文脈, 場面次第であることになろう。次に,「go＋形容詞」が常に悪い状態への変化を表すわけではないことが確認できる。Radden (1996 : 440) が挙げている例を見ることにしよう。

(3) a. Russia has gone capitalist.
　　b. The telephone company is going private.
　　c. Dianna has gone public with some intimate royal problems.

　(3a)〜(3c) に見られる, go capitalist, go private, また go public のような表現は, それぞれ単に,「資本主義になる」「(株式公開会社が) 非公開会社になる」また「公開する」の意味を表しているに過ぎず, むしろ無色透明な意味を表しているのであって, 良いか悪いかという判断を述べているわけではない。「come＋形容詞」と同様,「go＋形容詞」も単

に「状態変化」を述べているだけであり，「状態変化」に関して良いあるいは悪いとする判断には，語用論的な要素も加味される。つまり，go capitalistやgo private / publicが良い状態変化あるいは悪い状態変化のいずれに解釈されるかは，場面，文脈などの語用論的な考慮がなされた上での話ということになる。例えば，次の一連の例文は，状態が良い方へ変化した(する)ことを表すであろう。

(4) a. Their albums go platinum almost instantly. (COCA)
    b. My grandmother is 90 and still going strong. (OALD)
    c. John promised to go straight. (Radden 1996：431)

(4a)のgo platinumは，「プラチナディスクとなる売り上げを達成する」ことを意味する。また，(4b)のgo strongは，「達者である」ことを意味し，(4c)のgo straightは，「更生する」を意味する。したがって，現実の世界における常識から判断すると，それぞれの表現がすべて「良い状態への変化」を表していることになる。

以上のように，「come＋形容詞」と「go＋形容詞」は，いずれも単に「状態変化」を表すだけであり，意味論的な考慮だけではなく文脈や場面に基づく語用論的な考慮も状態の良し悪しの判断材料となる。[2]

また，「go＋形容詞」は，通例，意味的・語用論的に「普通の状態」あるいは「通常の基準にある」と考えられる状態から外れることを表し，一方，「come＋形容詞」は，意味的・語用論的に「普通の状態」あるいは「通常の基準にある」と考えられる状態に至る，という意味を表すように思われる。言い換えると，「go＋形容詞」のパターンは，何かが話し手の「領域」から逸脱することを表し，「come＋形容詞」のパターンは，何かが話し手の「領域」に入ってくることを表すと考えることができるということである。[3]

以上のような状態変化を表す「go＋形容詞」のパターンに加えて，状態継続を表す「go＋un-V-ed」のパターンも存在する。その例を見ることにする。

I. comeとgoの意味論　97

(5) a. I don't suppose our being here will go unnoticed tonight.

（D. Steel, *Family Album*）

b. The garbage went uncollected for weeks.

（Radden 1996：449）

c. The reason 800 million go hungry is not that there isn't enough food in the world, but that they can't afford to buy it.

（COCA）

d. And she didn't have a suit, so she went naked. （Ibid.）

e. He forgot to mention that for two whole years I went barefoot. （Ibid.）

（5a）のgo unnoticedは,「気付かれないままでいる」ことを意味する。また,（5b）のgo uncollectedは,「集められないままである」ことを意味する。このように,「go＋un-V-ed」の形式は,「本来であれば当然なされていなければならない状態に, 何ら手が施されていないままの状態」を表すのに用いられる。また,（5c）～（5e）までの「go＋形容詞」の形式は,「ある状態が継続している」ことを述べるのに用いられている。つまり,（5c）のgo hungryは,「飢えている・空腹である状態」が継続していることを, また,（5d）は,「裸の状態」が一定期間継続したことを意味する。同様に,（5e）のgo barefootは,「（いつも）裸足でいる」を意味する。

以上のように,「go＋形容詞」は, 状態変化だけではなく状態継続を表す場合もあることが確認できる。

I．2　comeとgoの違いに関して

誰かに呼ばれてその人物の方に向かうことを表現する際には, I'm coming.（今行きます）のようにcomeが用いられる。この場合, もしI'm going.と言うと, 呼んでいる人物の所に向かうのではなく, どこか違う所に行くことが述べられることになる。このような単純な例を考えても, 日本語の「来る」と「行く」が英語のcomeとgoに単純に対応して

いるとは言えないことが確認できる。

問題提起　comeとgoの違いには，上記のような場合の他にどのような例が存在し，意味的にどのように違うか。

Clark（1974：327）が挙げている次の二つの例を比較してみよう。

(6) a. The plane came down near the lake.
　　b. The plane went down near the lake.

Clark（1974）によると，comeが使われている（6a）は比較的幸運な結果（a relatively happy outcome）を表し，一方，goが使われている（6b）は，まさに墜落（a crash）を表すと言う。その証拠として，次の（7a）のようには言えても，（7b）のようには言えないからである（Clark 1974：328）。

(7) a. The plane came down safely near the lake.
　　b. *The plane went down safely near the lake.

「無事に」を意味するsafelyは，comeとは共起するがgoとは共起しないということが，（7a）と（7b）から確認することができる。Clark（1974：317）によると，comeは，話し手あるいは一般に是認されている状態への変化を表す場合に用いられ，一方goは，「中立的」あるいは「否定的」状態への変化を含意すると言う。(6)(7)の各例に関しては，確かにClark（1974）が主張しているように，comeで表現されている（6a）と（7a）は，話者に是認されている状態（speaker-approved state）あるいは一般に是認されている状態（public-approved state）が表現されていると考えられる。それに対してgoが用いられている（6b）（7b）に関しても，Clark（1974）が述べる通りnegativeな意味が含意されている。

I.　comeとgoの意味論　99

では，なぜcomeが使われると話し手や一般の人々に是認される状態を表すことが多いのであろうか。この疑問に対する一つの答えとして，次のようなことが言えるように思われる。人間は基本的に自己を中心とした（egocentric）物の見方をするのが通常であると考えられる。つまり，人間は通例，自分を中心にして世界を見る視点を持っている。したがって，現在，自分が存在する場所を世界の中心と捉え，その場所を基準点として身の回りの状況を観察するということになる。そして，現在自分が存在する場所を「正常」な場所と見なし，自分にとって不可視な場所あるいは手の届かない場所は，自分の影響力が及ばないが故に，それは自分にとって「正常ではない」場所として認識する傾向があるものと思われる。したがって，通例は，現在自分が存在する場所を自分の「領域」として捉え，その状態を「平常な状態」（normal state）とし，また，自分の領域にはない状態を「通常ではない状態」（non-normal state）として見るというのが無標（つまり，普通）の場合ということになろう。このような領域に関する認識の違いが，comeとgoの用いられ方の違いに反映されているものと思われる。すでにこれまで見てきたように，これがcomeとgoのいずれもが「良い状態」「悪い状態」あるいは「中立的な状態」のどの状態への変化を描写する場合にも用いられる理由である。つまり，実際には，comeは単に「何がしかのentityが観察者の領域内に入ってくる」ことを述べるだけであり，また，goも単に「何がしかのentityが観察者の領域から出て行く」ことを述べるだけであると考えられる。なお，ここではentityは，「存在物」や「事態」，つまり「モノ」や「コト」と解されたい。

　次に，Radden（1996：447）が挙げている興味深い例を見ることにしよう。

(8) a.　The cookie came apart when I picked it up.
　　 b.　The cookie went to pieces when it fell from the tray.

(8a)では，話し手であるIが直接的にクッキーに関与した結果，クッ

キーに変化が生じたことが述べられている。他方（8b）においては，話し手の働きかけ以外のなんらかの要因のために，クッキーが状態変化したことが述べられている。つまり，comeが用いられている場合には，話し手の対象（the cookie）への直接的な関与が，また，goが用いられている場合には，話し手以外の何かが対象（the cookie）に関与したことが述べられているということになる。[4]

さらに（8a）と（8b）に関して，Radden（1996）は次のような指摘をしている。すなわち，comeが使われている（8a）は，goが使われている（8b）と比較すると，状態変化がゆっくり生じたことを表す。要するに（8a）は，（8b）に比べて状態変化に要する時間がよりかかったことを含意するということである。その結果，同じクッキーが割れた結果状態にも，違いが感じられると言う。すなわち（8a）では，クッキーが割れて2, 3の破片になってしまったことが，一方（8b）では，クッキーが10ほどの破片になってしまったことが描写されていると言う。変化する時間がゆっくりであれば，当然，変化そのものも緩やかなものであることになるし，変化が瞬間的なものであれば，当然，変化が激しいということになろう。通例，クッキーが割れる事態というのは瞬間的であると考えられるので，両者の表す状態変化の時間差は僅差であり，目で見る限りではほとんどその差が感じられないであろう。しかし，comeとgoの使い分けが，同じクッキーが割れる瞬間的な事態を上のように違って描写している点は興味深いことである。

変化が緩やかであるか，あるいは急であるかを示すもっとわかりやすい例として，Radden（1996）は，A boat came apart.とA boat went into pieces.を挙げ，前者は，「船が徐々に解体した」様子を表し，後者は，「船が突然バラバラに解体した」ことを表すと説明している。[5]

この節の締めくくりとして最後に，comeとgoの基本的な違いについて考えておきたい。comeが用いられている場合というのは，問題とされるentityの「存在」が前提となっている。つまり，あるentityが存在すれば，comeが用いられ，それが不在であればgoが用いられる。もう少し詳しく述べると，あるentityがcomeと共に言及されると，必ずそ

のentityが観察者の領域内に物理的あるいは心理的に「存在する」ことが含意されていると考えられるということである。それに対して，あるentityがgoと共に言及されると，そのentityが観察者の領域内から物理的あるいは心理的に出て行き，観察者の領域からの「消滅」「不在」を含意する。以上の内容をまとめてみると次のようになる。

(9) a. あるentityが観察者の領域内に物理的あるいは心理的に入ってくること，すなわち「出現」「存在」を表す場合は，comeが用いられる。
　　b. あるentityが観察者の領域から物理的あるいは心理的に出ること，すなわち，「消滅」「非存在」を表す場合は，goが用いられる。

このように，基本的に (9a) (9b) で述べられている原理がcomeとgoの使い分けを決定しているのではないかと考えられる。
　最後に，Clark (1974：327) が挙げている次の (10a) と (10b) について見ておくことにする。

(10) a. The tomatoes are coming along nicely this year.
　　 b. The tomatoes are going along nicely this year.

Clark (1974) によると，(10a) は，トマトの栽培者自身が述べている文，あるいは，トマトの栽培に好意的な人物が，誰かがトマト栽培をしていることを良しとしている文であると言う。一方，(10b) は，トマトの栽培者自身ではなく，栽培に関わっていない第三者による発言としてふさわしい文であると言う。したがって，話し手が直接トマトの栽培に関与している場合は (10a) が，そうでない場合には (10b) が使用されることになろう。

I.3　変化の速度が動詞によって違うことに関して

　Radden（1996：448）は，状態の「変化の速さ」に関しては，動詞によって違いがあるとしている。彼によると，goはbecomeよりも速いが，turnほどは速くはないと言う。つまり，変化の速さは，一番速い順から並べると，turn ＞ go ＞ becomeのようになるということである。go greyやgo baldのような状態変化は，一定期間に渡って変化していくことを表すことができるので，John may have gone grey / gone bald over a period of three months.（ジョンは3ヶ月の期間に渡って白髪になった／禿げたのかもしれない）のような表現が可能であり，turnに関しては，速い変化を表すが故にHe turned grey / bald overnight.（彼は一晩で白髪になった／禿げた）のような表現がなされることになる。

I.4　まとめ

　これまで「come＋形容詞」と「go＋形容詞」の違いを中心に考察しながら，comeとgoの違いについて見てきたが，それは以下のようにまとめることができよう。[6]

(11) a.「come＋形容詞」は大きく二つの型に分類することができる。一つは，「状態変化」を表す型であり，もう一つは「原初の状態へ戻ること」を表す型である。状態変化を表す場合は，「come＋adjective（通常の形容詞）」が用いられ，「原初の状態へ戻る」ことを表す場合は，「come＋un-V-ed（動詞の過去分詞）」が用いられる。状態変化の結果，それが「良い状態」「悪い状態」あるいは「中立的な状態」であるかの判断は，意味的・語用論的になされる。

　　 b.「go＋形容詞」は大きく三つの型に分類することができる。一つは，「状態変化」を表す型であり，あと二つは「状態維持」と「状態継続」を表す型である。「状態変化」と「状態維持」を表すのに，「go＋adjective（通常の形容詞）」が用いられる。そして「…の状態のまま何ら処置が施されていないこと」を

表すのに、「go + un-V-ed（動詞の過去分詞）」が用いられる。状態変化の結果、それが「良い状態」「悪い状態」あるいは「中立的な状態」であるかの判断は、意味的だけではなく語用論的なレベルでもなされる。

c. 基本的に、comeは、何がしかのentityの「出現」「存在」を表すのに用いられ、goは、何がしかのentityの「消滅」「非存在」を表すのに用いられる。

d. 何がしかのentityが観察者の領域内に入ってくることはcomeで表され、その場合、そのentityは、観察者にとって、可視的（visible）であること、接近可能（accessible）であること、あるいは、制御可能（controllable）であることが暗示される。一方、何がしかのentityが観察者の領域から外に出ることはgoで表され、その場合、そのentityは、観察者にとって不可視的（invisible）なもの、接近不可能（inaccessible）なもの、あるいは、制御不可能（incontrollable）なものとなることを暗示する。

e. 観察者があるentityを主観的に捉え、直接的に関与している場合はcomeが用いられる。一方、観察者があるentityを客観的に捉え、間接的にしか関与していない場合は、goが用いられる。

|練習課題|　次の (1a) と (1b) は、容認性について差が見られる。その理由を述べなさい。（ヒント：The man went blind. は適格文だが、*The man went short-sighted. は不適格文である。また、The tea went cold. は適格文だが、*The tea went lukewarm. は不適格文である。）

(1) a. Paul went mad.
　　b. *Paul went angry.

練習課題　次の (2a) と (2b) の違いについて説明しなさい。

(2) a. Her temperature came down.
　　b. Her temperature went down.

練習課題　次の (3a) と (3b) の違いについて説明しなさい。

(3) a. The door came open.
　　b. The door went open.

練習課題　次の (4a) と (4b) の違いについて説明しなさい。

(4) a. He came down with hysterics.
　　b. He went down with hysterics.

練習課題　次の (5a) と (5b) の違いについて説明しなさい。

(5) a. His death went unnoticed for more than a year.
　　b. His death was unnoticed for more than a year.

練習課題　次の (6a) と (6b) の違いについて説明しなさい。

(6) a. Are you coming to the party tonight?
　　b. Are you going to the party tonight?

II. 思考・判断・認識を表す動詞に関する意味論

　思考・判断・認識を表す動詞には，assume, believe, conceive, conjecture, conclude, consider, decide, deem, feel, figure, find, guess, imagine, know, notice, presume, regard, suppose, think, understand などがある。これらの動詞の中から幾つかを選び出し，それらを意味的・語用論的に分析していくことにする。

II.1　思考・判断・認識を表す動詞に後続する that 補文，to-不定詞補文及び小節

　この節では，思考・判断・認識を表す動詞に関して，意味的・語用論的な分析を試みることにする。また，この種の動詞とそれに後続する that 補文や to-不定詞補文との関係を見ていくことにする。なお，この節では，小節 (small clause) 補文という用語を使用するが，小節とは，例えば，I find the chair comfortable. においては the chair comfortable, あるいは I consider her intelligent. においては her intelligent の部分のことを言う。つまり，時制が存在しない主語と述語に当たる構造を持つ要素が小節である。

|問題提起|　思考・判断・認識を表す動詞には，that 補文，to-不定詞補文，小節補文のすべてを従えるものもあれば，そうでないものもある。なぜ，そのようなことが起こっているのか。

先ず，次の各例文を見ることにする。

(1) a.　We believe that the Earl of Oxford wrote Shakespeare's plays.
　　b.　We believe the Earl of Oxford to have written Shakespeare's

plays.

(Davison 1984：817)

(2) a. Jane knows that she is intelligent.
    b. Jane knows her to be intelligent.

(Riddle 1975：470)

(3) a. Jane discovered that she was quite independent.
    b. Jane discovered her to be quite independent.

(Ibid.)

　(1)〜(3)には，that 補文が用いられている文と to-不定詞補文が用いられている文の二つの型が見られるが，両者には違いが認められる。話し手あるいは文主語が，客観的に真偽を確認できる事実あるいはデータに基づく「判断」を示す場合，(1a)(2a)(3a)に見られるように，that 補文が用いられる。他方，話し手あるいは文主語が主観的な判断を示す場合(1b)(2b)(3b)に見られるように，to-不定詞補文が用いられる。
　以上のように，知的には同じ意味内容を表す文であっても，that 補文が用いられている場合と to-不定詞補文が用いられている場合とでは，両者に違いが認められるということである。
　また，Quirk et al.（1985）などが説明しているように，一般的に to-不定詞補文が用いられている型はフォーマルであり，that 補文が用いられている型はインフォーマルであるという文体上の違いもある。次の(4a)と(4b)がその例である。

(4) a. John believed that the stranger was a policeman. 〈informal〉
    b. John believed the stranger to be a policeman. 〈formal〉

(Quirk et al. 1985：1204)

　ところで，Haiman（1983：782-783）では，「言語表現間の距離は，それらの間の概念的距離に相当する」また，「表現の言語的な隔たりは，表現が表す対象，または出来事への概念的な独立性に相当する」という

主張（類像性（iconicity）の概念）がなされている。[7] また，Lakoff & Johnson（1980：129）は，「形態Aの意味が形態Bの意味に影響を与える場合，形態Aが形態Bに近ければ近い程，Bの意味に対するAの意味の効果はより強くなる」という主旨の説明をしている。Lakoff & Johnson（1980：130）は，次のような例を挙げている。

(5) a. I found that the chair was comfortable.
　　b. I found the chair comfortable.

(5a)は，話し手であるIが，人から聞いたり調査をすることによって，椅子の座り心地の良さを間接的に知ったことを述べている文である。一方(5b)は，話し手が実際に座ってみて，つまり直接的な体験を通して，椅子の座り心地の良さを知ったことを述べている文である。(5a)では，foundとthe chairの間にthatが介在しているので，そのぶんfoundとthe chairとの間に距離があり，そのことが話し手のthe chairに対する間接的な関与を示唆している。他方(5b)ではfoundとthe chairが隣接しており，そのことが話し手のthe chairに対する直接的な関与を示唆している。

また，次の(6a)と(6b)を比較すると，Johnとmakeの間にtoが介入している(6b)では，文主語Maryの補文内容への間接的な関与が暗示されており，一方(6a)では，文主語Maryの補文内容への直接的な関与が暗示されている（Hyde 1999：35）。

(6) a. Mary helped John make the tough decision.
　　b. Mary helped John to make the tough decision.

Hyde（1999）によると(6a)は，Johnが厳しい決断をする過程にMaryが積極的に加わったことを述べている文であり，文主語Maryの直接的な関与を印象づける文である。他方(6b)は，例えば，MaryがJohnを励まして厳しい決断をさせたような状況を描写する文であり，

文主語Maryの間接的な関与を印象づける文である。このようにtoが介入しているか否かで、文主語の補文内容への関与の仕方に違いが認められるわけである。以下で、このような「類像性」の考え方を次の三つの型に適用して考えてみる。

(7) a. I consider that she is intelligent.
    b. I consider her to be intelligent.
    c. I consider her intelligent.

先ず、「主語＋動詞＋that補文」型の(7a)は、thatの存在により、主節が表す事象（イベント）（I consider）とthat補文が表す事象（イベント）に概念的な距離があることを示唆し、また、主節とthat補文がそれぞれ概念的に独立していることも暗示していると捉えることができる。また、主動詞considerが表す意味の影響力は、thatが介入しているために3つの型の中では一番弱いということになろう。

次に、「主語＋動詞＋目的語＋to be＋補語」型の(7b)についてであるが、この型はto-不定詞補文を伴って一文となっているので、主動詞considerと補文との関係は、(7a)よりは概念的に近いことになる。しかし、目的語にあたる対象（object）が主動詞に隣接しているが、toが介在するために、toの前にある対象とto以下の要素との間に概念的な距離があることになる。この型では、toが、概念的な距離を示唆する標識（marker）の働きをしていると考えられる。そして、「主語＋動詞＋小節」型の(7c)に関してであるが、小節（her intelligent）の間に何も介在する要素がなくherとintelligentは隣接し、両者が一つのまとまった統一体を成している。そのため、主動詞が表す意味が直接的に小節にかかる。それ故に、話し手はこの型を用いて自分の判断を単刀直入に述べることになる。これが、話し手の主観的判断・個人的な関与が最も強く述べられるのがこの型であるとする所以であると考えられる。

以上の要点は次のようにまとめられる。

(8) a. (7a) タイプの文は，話し手（文主語）の補文内容への関与が間接的であることを含意する。
　　b. (7c) タイプの文は，話し手（文主語）の補文内容への関与が直接的であることを含意する。
　　c. (7b) タイプの文は，話し手（文主語）の補文内容への関与の仕方に関して，(7a) タイプの文と (7c) タイプの文の中間的な存在として捉えられる。つまり (7b) タイプの文は，(7a) タイプの文よりは主観的な判断がなされてはいるが，(7c) タイプの文ほど個人的な判断がなされていない場合に用いられる。

II.2　動詞によって選択される補文が違うことに関して

　同じ思考・判断・認識を表す動詞であっても，動詞によってそれが従える補文の選択には違いがあることを，この節で考える。

|問題提起|　動詞によって，選択される補文が異なる場合がある。その理由は何か。

　思考や判断を表す動詞がすべて同じ補文を一様に従えるというのであれば，説明がすっきりとするが，中にはto-不定詞補文を許さなかったり，あるいは小節補文を許さなかったりする動詞が存在する。また，研究者によって，補文の選択に関して判断に揺れがあることをこの節で確認する。例えば，次の (9a) に見られるように，Quirk et al.（1985：1204）は，thinkがto-不定詞補文を従えている例に関して，その容認度が低いと見ている。また，八木（1999：115）は (9b) に見られるように，thinkがto-不定詞補文を従えることはないとしている。

(9) a. ?Newsman thought the Broadway production to have made Max's fortune.
　　b. *I think him to be honest.

ところが，Dixon（2005：204）は，thinkはto-不定詞補文を許すとしており，例えば，John thought her (to be) stupid. を例に挙げている。また，Dixon（2005：253）は，I thought him (to be) stupid / wrong / healthy / dead. のような例も挙げている。要するにDixonは，thinkの後続要素として小節補文だけでなくto-不定詞補文の存在も認める立場にあるということである。インターネット上のコーパスCOCAで検索してみると，確かに，thinkがto-不定詞補文を従える例が見られるのも事実である。そのような例を以下に挙げておく（いずれもCOCAより）。

(10) a. You would more likely think him to be somebody's gentle soft-spoken grandfather, a retired banker or businessman of some sort.
  b. Realizing that they might think him to be in flight, he slowed his pace, then he halted and turned slowly.
  c. The villagers of Nazareth knew Jesus, and they thought him to be nothing special.
  d. We thought him to be the original voice of dissent, the master blaster who held his own even in Hollywood.

　また，believe, knowのような動詞に関しても，研究者によって，許される補文の選択に関する見解に相違がある。例えば，八木（1999：115）では次の（11a）のように，believeは小節を補文としてとることはないとしている。また，Borkin（1984：55）も次の（11b）で確認できるように，believeの後のto-不定詞補文に関してその容認性が低いとしている。

(11) a. *I believe him honest.
  b. ?I believe John to be a French teacher.

　しかしながら，Borkin（1984：76）自身が，次の（12a）の例を挙げ

ており，またMcCawley（1988：146）も，次の（12b）の例を挙げている。

(12) a. I believe Tom capable, if not astoundingly competent.
　　 b. We believe John guilty.

このように，believeの後続要素として小節も許されることがあるのが確認できる。
　しかしながら，knowに関しては，その補文としてto-不定詞はとるが小節をとることはないようである。例えば，次の（13a）のように言えるが，（13b）のようには言うことができない。また，次の（13c）のように言えるが，（13d）のようには言えない。

(13) a. I know Sally to be understanding and patient.
　　　　　　　　　　　　　　　　　　　　　　（Borkin 1984：77）
　　 b. *I know Sally understanding and patient.　　（Ibid.）
　　 c. John knew Mary to be the murderer.　（Dixon 2005：254）
　　 d. *John knew Mary the murderer.　　　　　　　（Ibid.）

（13a）～（13d）の例文に見られるknowは，話し手（あるいは文主語）の客観的な「判断」の意味を表すknowであるので，主観的な意見を述べる小節補文は後続しないのである。
　さらにknowを含む例文を挙げておく（安藤 2005：824）。

(14) a. I know that this is a fact.
　　 b. I know this to be a fact.
　　 c. *I know this a fact.

上で述べたように，to-不定詞補文がknowの後で許される場合というのは，それが「客観的な判断」を表す場合に限られると考えられる。

しかし，例えば，「彼女がこれまで病気になるようなことがあったことは知らない」ことを述べる場合は，I've never known her ill.（渡辺 1989：61）と表現することが許される。このようなknowは，experience（経験する）の意味，あるいはseeやhearといった感覚動詞が示すような意味で用いられる（Jespersen 1940：282, Palmer 1974：204）。このような例には，他に次のようなものがある。

(15) a. I've never known it (to) rain like this. （Swan 1995：299）
　　 b. I've never known anything like this happen in the college before. （Duffley 1992：51）
　　 c. I had never known him ask a favour of this kind before.
　　　　　　　　　　　　　　　　　　　　　　　　　　　　（Ibid.）

次にconsiderに関して見ていくことにする。この動詞は，すべての補文タイプを後続要素として許す（安藤 2005：824）。

(16) a. I consider that the matter is settled. （that補文）
　　 b. I consider the matter to be settled. （to-不定詞補文）
　　 c. I consider the matter settled. （小節補文）

以上のように，同じ動詞であっても統語上の振る舞いが違うので注意を要する。(16a)～(16c)のconsiderのように，that補文，to-不定詞補文，小節補文の3つのタイプすべてを許す動詞には，consider以外にconceive, conclude, declare, deem, presume, proclaimなどがある（八木 1999：127）。

以上のことをまとめてみると，次のようになる。that補文を許す動詞の意味は，共通して「伝達」を表している（八木 1999：130）。第三者の意見を紹介したり，客観的なデータに基づく判断がなされる時に，that補文が使われる。その理由は，thatは，話し手あるいは文主語自身の主観的な判断ではなく，あくまでも客観的なデータに基づく判断であるこ

とを知らしめる標識（marker）として用いられているからである。一方，思考・判断・認識を表す動詞がto-不定詞補文をとる場合，その動詞は，非叙実性を持っていることを含意する。また，toは，「方向性」「可能性」を示すのに用いられている。

以上の要点をまとめてみると，次のようになる。

（17） a. that補文は，客観的に実証可能な内容あるいは第三者から得られた情報を述べる場合に選択される。
  b. 小節補文は，主観的，個人的な経験を通しての判断を述べる場合に選択される。
  c. to-不定詞補文は，that補文と小節補文の中間的な存在で，客観的なデータに基づく判断と個人的な判断を同時的に述べる場合に選択される。ただし，どちらかと言うと，to-不定詞補文を伴う文は主観的な判断を表す傾向が強い。[8]

II．3　思考・判断・認識を表す動詞とその補文選択の基準

II．2で，動詞によってそれがとる補文の分布がまちまちであることを見た。ここでは，補文選択の基準となるものは存在するのか，また存在するとしたらそれはどのようなものであるか考察することにする。

|問題提起|　同じ思考・判断・認識を表す動詞であっても動詞によって，to-不定詞補文を許しても，to beが省略された小節補文を許すものと許さないものが存在する。なぜこのような現象が生じるのか。

I consider John to be clever.のような文からto beを削除して，I consider John cleaver.のような表現にしても文法的であるが，いかなる場合にto beを省略することができるのかを以下で考えてみる。Borkin（1984）やDixon（2005）によると，to beを削除できる条件は，to-不定詞補文が話し手の「判断」の意味を有する場合であるという。つまり，

114　第二章　意味的・語用論的動詞の分析

主観的・個人的な判断を表す内容は小節補文の形で述べられるのであり，客観的に実証可能な内容はto-不定詞補文の形で述べられることになる。例えば，Wierzbicka（1988：136）は次のような例を挙げている。

(18) a. He found her to be intelligent.
　　 b. ?He found her to be Mexican.
　　 c. *He found her Mexican.

(18a)は，「彼は彼女のことを利口であると思った」を意味するが，これは文主語であるheの個人的な判断を表すと解釈できるので，to beを省略してHe found her intelligent.と表現することが可能である。他方，客観的にその真偽を証明することができるような内容，すなわち「メキシコ人であること」がto-不定詞補文の形で表現されにくいことは(18b)で確認できる。また，この内容を表す文を小節の伴う文に変換することは不可能であり，(18c)のような文は容認されないわけである。しかし，Duffley（1992：153）は，to-不定詞補文ではあくまでも話し手の主観的，個人的な判断が述べられるので，He found her to be very Mexican.のようにbeとMexicanの間にveryを挿入すれば，(18b)は適格文になると述べている。なお，ここでの「判断」とは，ある対象物に関して，「良い」あるいは「悪い」と判断する場合の「判断」のことを言う。

以上の要点をまとめてみると次のようになる。

(19) a. 話し手あるいは文主語の対象に対する関与は，小節補文が用いられている場合が最も直接的であることを示唆する。つまり，話し手あるいは文主語の直接的な体験を通して補文内容が述べられるので，話し手あるいは文主語の単刀直入な意見や判断を述べるのには，小節補文を伴う文が最もふさわしい。
　　 b. 話し手あるいは文主語の対象に対する関与が間接的である場合，つまり話し手あるいは文主語の間接的な体験を通じ

　　　　て補文内容が述べられる場合に，that補文が用いられる。
　　c. 話し手あるいは文主語の対象に対する直接的関与と間接的
　　　　関与のいずれもが含意される場合，to-不定詞補文を伴う文
　　　　が選択される。ただし，このto-不定詞補文を伴う文は，ど
　　　　ちらかと言うと，主観的な判断を表す傾向が強い。

　以下で，具体的な例を見ながら，どのような場合にto beが省略可能
かをさらに検討する。

II.4　to beが省略される条件

　to-不定詞補文におけるto beが省略されて小節として具現される場合
があるが，ここでは，その条件に関して考察することにする。

　|問題提起|　動詞によって，その補文として小節補文をとるものととら
　　　　　ないものがあるが，それはどのような理由によるのか。また
　　　　　いかなる条件が揃えば，to beが省略された小節が許されるか。

　すでに上で見たように，think, considerなどの動詞に後続するto-不
定詞補文が「判断」を表している場合は，to beを省略することができ
る。ここでの「判断」とは，話し手あるいは文主語の主観的な「良い」あ
るいは「悪い」という判断のことを言うので，例えば，Dixon（2005：
204）が挙げている次の（20a）からto beを削除した（20b）は適格文で
あるが，判断が主張されていない（20c）は不適格である。

　（20） a. I consider John to be a good doctor.
　　　　 b. I consider John a good doctor.
　　　　 c. *I consider John a doctor.

　この他，Borkin（1984：76-77）も，例えば，I found Maxine extremely
charming.やJune's track performance proved her agile enough for the

116　第二章　意味的・語用論的動詞の分析

big time. のような例を挙げている。これらの例文に関しても，補文内容に話し手あるいは文主語の主観的な「判断」が含まれているが故に，問題なく小節補文が許されているものと思われる。

　ところで think, consider, imagine などの動詞と同様に，seem に続く to be も，「判断」がなされている解釈の下では省略可能である（Dixon 2005：204）。

(21) a. He seems (to be) an idiot.
　　 b. He seems (to be) good.
　　 c. He seems (to be) a good doctor.

ここでも，肯定的あるいは否定的な「価値判断」の意味が入っていない He seems to be a doctor. のような表現においては，to be は省略することはできない。したがって，*He seems a doctor. は不適格な文ということになるのである。このように，to be が省略される条件は，補文内容が話し手あるいは文主語の，良いあるいは悪いといった「判断」を含むものに限られるので，例えば，I thought him to be getting healthier each day.（Dixon 2005：204）のような文においては to be の省略が不可能であることは，最早明らかであろう。この文は目的語名詞（him）の属性あるいは特性を述べているわけではなく，状態変化を述べている文であるからである。[9]

　ここまで見てくると，to be を削除することができる条件は，補文内容が話し手あるいは文主語の対象（目的語）に対する直接的な観察に基づく主観的な判断内容が表現されている場合に限られると考えられるかもしれない。しかしながら，実際，この条件に合わない例が存在する。それらの例について次の節で検討することにする。

II.5　Borkin の "self-initiated, original opinion" の説明をめぐって

　補文内の to be の省略が可能な条件として Borkin（1984）は，補文内容が話し手（文主語）の「自ら考えついた独自の意見（self-initiated, original opinion）」が表明されているものでなければならないとしているが，この節では，この説明に関して検討する。

|問題提起|　話し手の対象（目的語）に対する主観的な「判断」が表明される場合に to be が省略可能であることは間違いないように思われるが，その説明でこと足りるのか。

これまでに見てきた例に関しては，補文内容が話し手の主観的で，しかも「良い」あるいは「悪い」のいずれかの「判断」を表す場合に，to be の削除が可能であることを見た。しかしながら，Borkin（1984：77-78）は，この説明だけでは不十分であると述べ，次のような例を挙げている。

(22) a. I know Sally to be understanding and patient.
　　 b. *I know Sally understanding and patient.
(23) a. Maxine gradually recognizes Sam to be more competent than Harry.
　　 b. *Maxine gradually recognizes Sam more competent than Harry.
(24) a. Molly disclosed Alex to be less loyal than we thought.
　　 b. *Molly disclosed Alex less loyal than we thought.
(25) a. The inquiry revealed Laura to be at fault.
　　 b. *The inquiry revealed Laura at fault.
(26) a. We discovered Susie to be secretly in love with Studs.
　　 b. *We discovered Susie secretly in love with Studs.

(22)～(26) に見られる know, recognize, disclose, reveal, discover はすべて認識を表す動詞であるが，これらの動詞は to be 削除を許さない。特に，know と recognize に続く補文は，意味的に「判断」を含む文であるにもかかわらず，to be を省略することはできない。この理由に関

してBorkin (1984：78) は，補文内容は，「自ら考えついた独自の意見」を表していなくてはならないと考えている。これは，話し手あるいは文主語の自ら発した独自の意見・見解が述べられている補文内容であれば，to beを削除することができるということである。

　すると，(22)〜(26)の例でto beが削除できない理由は，know, recognize, disclose, reveal, discoverが持っている意味が関係していることになる。それは，これらの動詞は，それぞれの主語が何がしかの独自の意見や認識を形成する意味合いを持っているというよりも，むしろある「事実」を発見・認識するという意味合いがあるからであるという (Borkin 1984：78)。言い換えると，これらの動詞はすでに，「一つの事実として確立している命題」を認識する意味を持っているということになる。

　上で見たように，小節補文が用いられる場合というのは，話し手なり文主語による対象への直接的な関与の結果出された，「主観的な判断」を表すのに適している。他方，to-不定詞補文は，小節補文ほど話し手あるいは文主語の対象に関する関与の仕方が直接的ではなく，自分以外の出所からの情報，例えば，人づてに手に入れた情報に基づく判断も含む。また，すでに見たようにto-不定詞補文のtoは，過程 (process) を象徴する標識 (marker) であると考えることもできる。つまり，to-不定詞補文が表す判断に至るまで，一定の時間がかかったことが暗示されているという解釈も成り立つように思われる。

II. 6　to-不定詞補文 vs. 小節補文

　同じ動詞がto-不定詞補文と小節補文のいずれをも許す場合があるわけだが，その選択の原理の一つに語用論的な理由も関わっている可能性を以下で考えてみる。

　|問題提起|　どのような理由で，to-不定詞補文が選択される場合と小節補文が選択される場合とがあるのか。また，両者の棲み分けには意味的な制約以外に，語用論的な要因が関わっているのか。

Borkin（1984：82）が挙げている次の例文を観察してみる。

(27) a. The court presumed John innocent until he was proven guilty.
　　 b. ?His mother presumed John innocent until he was proven guilty.

　個人的な判断が下されていることを表明する場合には小節補文がふさわしいするという見解が，一見妥当ではないと思える例が (27b) である。ここでは，実際，意味的な検討だけではなく，語用論的な要素も補文選択には関わっているようである。(27a) に関してであるが，裁判所は直接的にJohnの法的な立場に影響を与える立場にあるが故に，小節補文が最も適切となっているのではないだろうか。一方 (27b) の容認度が低いのは，それが単なる一個人としてのJohnの母親の見解を述べているに過ぎないからであろう。当然のことながら，Johnの母親は，Johnを法的にコントロールする立場にはない。すると，母親とJohnとの関係は親子関係にあると言えども，法的な観点からは，母親が息子に直接関与することはできない。したがって，このような語用論的な理由から，補文はto-不定詞補文が適切に用いられると思われる。
　興味深い点は，補文内容を直接コントロールする立場にある人物が文主語となっている場合，補文として小節補文が適切に選択されるのが通例である点である。例えば，牧師が新郎と新婦を夫婦として宣言するような文では，補文は小節が用いられる。つまり，周知のように，I now pronounce you man and wife.（OALD）のような文の中で，小節補文が用いられるわけである。この文は，いわゆる遂行文である。遂行文では，補文は小節が用いられるのであるが，その理由は，文主語が直接補文内容をコントロールしたり，直接的に補文内容に関与することと関係があるようである。すなわち，思考や認識を表す動詞が小節補文をとる場合，社会的に権威あるいは権限を持っている人物である主語が「判断」を下す場面では，小節補文が適切であるようである。

一般に，判断を下す人物として社会的に認めらている人物（何がしかの分野の専門家）が主語となっている場合，小節補文が用いられても問題はないが，主語が専門家として判断を下す人物であると社会的に認められていない場合は，小節補文は許されないようである。このことをBorkin（1973：49）が挙げている次の例文で確認する。

(28) a. The psychiatrist determined Mary insane.
　　 b. The jury found the mad bomber guilty on 10 counts.
　　 c. ?His mother presumed John innocent until he was proven guilty.（= 27b）

　(28a)のpsychiatristや(28b)のjuryは，いわばそれぞれの分野の専門家である。つまり，専門家であるというその権威が社会的に認められているのが，「精神分析医」であり，また「陪審員」である。そして(28c)に見られるように，一介の母親に過ぎない人物が主語になっている場合，補文内容に直接関与することができる立場にはないので，補文として小節は適していないものと考えられる。
　このように，語用論的な要素も補文選択に関係しているように思われる。何がしかの権威として社会的に認められている人物が，その専門とする分野において何がしかの判断を下す場合に，補文として小節が適切に選択される例として，(28a)と(28b)を分析することができるように思われるが，実際には次のような例も観察される。

(29) a. His wife presumed him dead and was living with another man.　　　　　　　　　　　　　　　　　　　（COCA）
　　 b. Primarily the black community adhered to the principle of law in the country and presumed him innocent until, in fact, he may have been found guilty, which he was not.　（Ibid.）

　(29a)では，妻は自分の夫が死んだものだと「推定」したことが述べ

られている。(29b) の主語は the black community であり，法律の専門家ではないが，presume の後に小節が許されている。(28c) の容認性の判断は，Borkin (1973) によるものであり，同じような例文の (29b) が存在するので，(28a) (28b) (28c) の各例の説明として，語用論的な制約が働いて，補文の選択が決定されているとすることができる場合もあるが，それは決定的なものではない。[10] この問題に関しては，更なる研究が必要ということになろう。

II.7　その他の to-不定詞補文と小節補文の選択の原理

　さらに別の角度から，思考・判断・認識を表す動詞が小節補文をとる場合と to-不定詞補文をとる場合の違いについて考えてみる。次の (30a) と (30b) の例から，「直接性・即時性」(immediacy) を表す場合には小節補文が選択され，何がしかのプロセスを経て対象に関する評価なり判断なりがなされたことを表す場合には to-不定詞補文が選択されると仮定できないであろうか。ここで言う直接性・即時性は，主動詞が表す事象（イベント）と補文が表す事象（イベント）が，時間的あるいは物理的に隣接関係にあると解釈されたい。Borkin (1973：49) が挙げている次の例を見ることにする。

(30) a. The FBI determined / confirmed / found the mad bomber to be blond.
　　 b. *The FEI determined / confirmed / found the mad bomber blond.

　(30a) のみが適格であるのは，ある一定期間の調査を経て the mad bomber が金髪であるという結論に至ったというような意味合いを表しているので，to-不定詞補文が適切ということになるであろう。FBI が「爆破犯人」を探し出すのに一瞬でそれを行うということは，通常考えることはできない。常識的に犯人の割り出しには一定の時間がかかるというのが，現実世界における一般常識である。したがって，犯人の割り

出しには必ずある一定の時間が必要であるが故に，その過程を象徴するのがtoの役割であると考えられるわけである。すなわち，to-不定詞補文を用いることで一定の過程を経て犯人の割り出しに至った，つまり「到達点」に達したことを，to-不定詞補文を用いて言い表すことができると考えられる。したがって (30a) は文法的な文として認められるが，(30b) のように小節を持つ型は許されないものと思われる。このように，補文選択には語用論的な側面が関係していることが確認できるであろう。

II.8　that 補文と to-不定詞補文

　ここでは，思考・判断・認識を表す動詞が，that 補文をとる場合と to-不定詞補文をとる場合に関して考察することにする。

|問題提起|　同じ動詞が that 補文と to-不定詞補文の両方を許すことがあるが，その場合 that 補文と to-不定詞補文の間にはどのような違いが存在するのか。また，どのような原理に基づいてこれら二つの補文は使い分けられているのか。

　Davison (1984：810) は，次のような例を挙げている。

(31) a. The police believe that a gang member was responsible.
　　 b. The police believe a gang member to be responsible.

　(31a) のように that 補文が用いられている場合は，警察は，特定のギャングの一員を念頭においている場合と，不特定のギャングの一員を念頭においている場合のいずれの解釈も許すが，to-不定詞補文が用いられている場合，a gang member に対しては特定的な解釈がなされると Davison は説明している。このことは，Davison (1984：811) が挙げている次の例に関しても同様である。

(32) a. The chief inspector believed that Smith's murderer was insane.
　　 b. The chief inspector believed Smith's murderer to be insane.

　to-不定補文が用いられている (32b) 文においては, Smith's murderer に対して特定的な解釈が好まれるとDavisonは述べている。
　to-不定詞補文を選択している文では, 直接目的語に当たる名詞句に対して特定的な解釈が優勢であるということは, 結局, その名詞句に関して, 話し手 (あるいは, 文主語) は, 人伝えにせよ, 何らかの形である確定した知識を持っている, あるいは自らの直接体験を通して補文内容を信じているとする説明が可能であるということになる。

II.9　まとめ

　これまで見てきたことから, 思考・判断・認識を表す動詞に関して, どのような場合にどの補文が選択されるか, まとめてみる。

(33) a. that 補文が用いられる場合は, 話し手あるいは文主語と対象との距離が最も大きい場合であり, 空間的だけでなく時間的にも大きな隔たりが表現されている。すなわち, 主動詞が表す事象と補文が表す事象との距離が最も大きい場合に, that 補文が選択される。また, 話し手あるいは文主語と対象との心理的な距離感が一番大きいと捉えられている場合にも, that 補文が選択される。
　　 b. to-不定詞補文は, 話し手あるいは文主語と対象とを直接的にも間接的にも関係づけるものの, どちらかというと直接的な関係を示す傾向が強い。to-不定詞補文が思考・判断・認識を表す動詞と共起する場合は, ある一定の過程 (プロセス) を経た結果を含意する。to-不定詞補文はそのような過程を象徴する。
　　 c. 小節補文は, 話し手あるいは文主語と対象を直接的に関係づけるだけでなく, その関係は, 空間的に最も近いことを

表し，同時に主動詞が表す事象と補文が表す事象は時間的に同時的であることを含意する。すなわち，小節を用いることによって，主動詞が表す事象と補文が表す事象の間に「直接性・即時性」が認められる。

練習課題　次の (1a) と (1b) の違いについて説明しなさい。

(1) a. I decided that I was sick.
　　b. I decided to be sick.

練習課題　次の各文の違いについて説明しなさい。

(2) a. It seems that John is drunk.
　　b. John seems to be drunk.
　　c. John seems drunk.

練習課題　次の各文の違いについて説明しなさい。

(3) a. I consider that he is honest.
　　b. I consider him to be honest.
　　c. I consider him honest.

練習課題　次の (4a) と (4b) の違いについて説明しなさい。

(4) a. The police detective believed that the bomber was totally crazy.
　　b. The police detective believed the bomber to be totally crazy.

練習課題　次の (5a) と (5b) の違いについて説明しなさい。

(5) a. I know that she is a woman of boundless energy and great dedication to her work.
   b. I know her to be a woman of boundless energy and great dedication to her work.

III. to-不定詞とV-ing形の意味論

　準動詞とは，動詞の性質を持ちながら，文の中で動詞以外の品詞である名詞，形容詞，あるいは副詞などの働きをするものを言う。準動詞にはto-不定詞，動名詞また分詞があるが，これらは使用頻度も高く，英文の理解また発信の際の重要項目である。特に，to-不定詞と動名詞は同じ言語環境に生起する場合もあり，また，共起する本動詞が同一であることもある。もちろん，そのような場合，両者の表す意味には違いがあるわけである。本節では，どのような場合にto-不定詞あるいは動名詞が，どのような原理に基づいて使い分けられているのか，また，動名詞と同じように-ing形を持つ現在分詞と動名詞とは，どのような関係にあるのかを見ていく。

III. 1. to-不定詞と動名詞

　to-不定詞と動名詞は，いずれも名詞的に用いられるという点において共通する場合があるが，形式が違えば意味あるいはニュアンスが変わるという立場に立てば，当然両者にはそれぞれの存在理由があるはずであることになる。この節では，to-不定詞と動名詞の違いについて考察する。

> 問題提起　to-不定詞と動名詞の例として，例えば，To see is to believe. とSeeing is believing. について，両者には違いがあるのか，また，もしあるとすればどのような違いが存在するのか。

　先ずLeech（1971：107）が挙げている次の例文を見て，その違いについて考えてみる。

(1) a. It's nice to be young.
　　b. It's nice being young.

　Leechによると，(1a) は理論的に考えて，概念上「若いということは素晴らしい」ことを述べている文であり，一方，(1b) は，実際に若いということは素晴らしいことだと述べている文である。つまり，(1a) では概念 (idea) が述べられているが，(1b) では事実 (fact) が述べられている。すると，意味的には同義に近い両者の用いられる場面は，自ずと違ってくることが考えられる。(1a) のような文が用いられる場合というのは，例えば，既に高齢に達した人が昔を懐古しながら，「やっぱり若いってことは素晴らしいことですね」と若い人に向かって話しているような場面にふさわしい。それに対して (1b) のような文が用いられる場面というのは，現在20歳の人が自分が若いことを実際に素晴らしいと感じていて，「若いって素晴らしいです」と述べているような場面にふさわしいということになる。
　さらに類例を見ることにする。

(2) a. It is nice to play tennis on sunny days.
　　b. It is nice playing tennis on sunny days.

　いずれの文も「天気のいい日にテニスをするのは楽しい」を意味するが，(2b) は，発話の時点で実際にテニスをプレーしている人の発言として適切である。一方 (2a) は，発話時点で話し手がテニスをプレーしているとは限らない。つまり (2a) では概念が述べられており例えば，喫茶店の中での発話として成立する。このように，(1) と (2) の例からだけでも，to-不定詞と動名詞とは使われ方が違うことが確認できる。ことわざに，To see is to believe. と Seeing is believing. の二つの言い回しが存在する。ほぼ同じ内容を表してはいるのであるが，両者には違いが存在することは予想がつくであろう。[11]
　元来，to-不定詞の to も前置詞の to も同じものであり，to は toward あ

るいはin the direction ofの意味を持っていた（Curme 1931：493）。つまり，toには「方向」を表す意味が備わっているということである。toが「方向」の意味を持っているため，これから先の事柄について言及するのにふさわしいし，結果，to-不定詞が「未来志向的」であるということになるわけである。to-不定詞と馴染む動詞には，want, hope, wish, would likeなどがあるが，これらの動詞はすべて未来に言及する動詞であり，それ故に，未来志向的であるto-不定詞をその後続要素としてとる。

また，ある方向にずっと進んで行くとどこかにたどり着くこともあるわけであり，そこから，toには「到達」の意味合いも認められる場合があることになる。いわゆる「結果の不定詞」と呼ばれているto-不定詞の用法があるが，まさにこの用法のtoは「到達」を表している。例えば，Susan lived to be 98 years old. あるいはHe grew up to be a wonderful man. といった英文を想起すればよいであろう。

動名詞に関しては，過去に起こった現実を表すとする説明がある。例えば，I enjoyed playing tennis yesterday. あるいはI remember playing tennis with her before. において，それぞれ「テニスを楽しんだこと」「彼女とテニスをしたこと」は実際に過去にあったことであり，現実に起こったことを言い表すのに動名詞が用いられるとする説明である。これらの例を扱う限りにおいて，「現実性」（reality）という概念で動名詞の説明が可能である。

しかしながら，周知のように，これから先のこと，つまり，まだ現実には起こっていないことについて述べる場合に動名詞が用いられる例も存在する。例えば，I consider going on a picnic next Sunday. を例にとると，この文は未来のことに言及している文であることは明白である。また，例えば，She avoids walking down that street at night. においては，「現実性」の概念があてはまりはするが，この文は，過去において現実にあったことだけではなく，現在と未来にも言及している。したがって，動名詞は過去における「現実性」を表すとする説明は不十分である。次節で，to-不定詞と動名詞に関してさらに考察を行う。

III. to-不定詞とV-ing形の意味論　129

Ⅲ. 2　to-不定詞と動名詞の使い分け

　どのような場合に，to-不定詞あるいは動名詞のいずれを用いるのが適切であるのかについて，以下で検討する。

> 問題提起　to-不定詞と動名詞の中核的な意味は何か。また，同じ-ing を有する動名詞と現在分詞との間には，何か共通する点はあるのか。

　Ⅲ. 1 で，to は「方向」と「到達」を表すことを見たのであるが，佐藤・田中（2009：76）は，to の核となるイメージとは，「お互いに顔を見合わせて相対するイメージ」であると主張している。確かに，目標（goal）に向かって進んで行くと最終的にその目標となるものと相対することになるであろう。前置詞 to の用法で，このイメージを鮮明にする例としては，face to face（面と向き合って），Mary danced to the music.（メアリーは音楽に合わせて踊った）あるいは The score was three to two.（スコアは 3 対 2 だった）などがある。これらの例は，to が前置詞である場合の例であるが，このイメージを to-不定詞に当てはめてみると，to 以下の「行為」に向かうというイメージになり，すでに上で見たように，何がしかの対象（この場合は行為）に向かって行く感じとなる。したがって，to-不定詞は，to 以下の対象に向かって行くというのが中核的な意味だとしてよいであろう。ちなみに，「be to＋動詞の原形」の型が英語に存在する。例えば，次の例を見ることにする。

(3) a. The president is to make a speech on TV tomorrow.（大統領は明日テレビで演説することになっている。）（予定）
　　b. You are to do the job right away.（すぐにその仕事をするべきだ。）（義務）
　　c. The necklace was not to be found anywhere.（そのネックレスはどこにも見つからなかった。）（可能）
　　d. Paul and Linda were never to return to their homeland.（ポ

ールとリンダは二度と祖国に戻ることはなかった。）（運命）

　このように，「be to＋動詞の原形」の型は，「予定」「義務」「可能」「運命」などを表すことができるのであるが，突き詰めるとbe to自体は，「〜の方向にある」という意味をその中核的な意味として持っていることが理解できる。
　動名詞に関しては，すでに上の節で，「現実性」という概念ではカバーすることができない例があることを見た。では，動名詞に関してはどのように考えればよいのであろうか。その手がかりとして，Wierzbicka（1988：69）が挙げている次の例を見てみる。

(4) a. I regret quarrelling with Mary last year.
　　 b. Hal considered becoming a karate instructor.

　これらの例文の説明としては，Verspoor（1996：439）の説明が有効であるように思われる。Verspoorによると，(4a)の「昨年メアリーと喧嘩をした」という内容は確かに過去の出来事であるが，その出来事について思いをめぐらせる行為は，発話の時点において主語である話し手が，ある感情（ここでは後悔の気持ち）を経験する時と同時である。また(4b)のような例に関しては，補文内容は未来時に属するが，ある事柄について思いをめぐらす場合，思いをめぐらす（consider）時間と未来の事柄（becoming a karate instructor）とは同時に起こっている。つまり，主動詞が表す時間と動名詞補文が表す時間は同時であると言える。この「同時性」（simultaneity or co-temporality）の概念が動名詞を使用する一つの動機づけになっているとするのが，Verspoor（1996）の主張である。
　さらにVerspoor（1996：444）は，動名詞は，文主語の「ある事象の直接体験」を表すと述べている。この考え方は，少なくとも主動詞として次のような知覚動詞（感覚動詞）が用いられている場合には当てはまる。

(5) a. I saw her dancing in the hall.
　　b. I heard her singing the blues.

　確かに(5a)の主動詞 saw 及び(5b)の主動詞 heard とそれに続くそれぞれの要素 her dancing in the hall と her singing the blues は，時間的に同時に起こっていることが表現されている。(5a)に見られる dancing と(5b)に見られる singing は，一般的には動名詞ではなく現在分詞として分析されているが，いずれも –ing を持っているという点で共通しており，いずれの場合も，「同時性」という概念で説明がつく。と言うのも，分詞構文に関しても，この同時性の概念が適用できるからである。例えば，次の例を見てみよう。

(6) a. Walking down the street, I met Mary.
　　b. Mary came back home singing.

　(6a)と(6b)は，それぞれ「通りを歩いていると，メアリーに出会った」「メアリーは歌いながら家に帰って来た」を意味するが，walking down the street と I met Mary は時間的に「同時」であるし，同様に，Mary came back home と singing も時間的に「同時」である。このように，動名詞と現在分詞のいずれを扱う場合においても，この「同時性」の概念が有効である。
　以上の要点をまとめてみると，以下のようになる。

(7) a. to-不定詞のto は，基本的に「方向」と「到達」を表し，to-不定詞補文は，「未来志向的」「前望的」及び「結果的」な内容を表す。
　　b. 動名詞は「現実性」を表すのに用いられることが多いが，それに加えて，主動詞が表す時間と動名詞が表す時間とが同時的である。また，この「同時性」の概念は，現在分詞が用いられている場合にも適用可能である。

III.3 「相動詞＋to-不定詞」と「相動詞＋動名詞」の意味の相違に関して

　相動詞とは，動作の開始，動作の継続，動作の終結という相（アスペクト）を表す動詞のことを言う。そのような動詞には，begin, start, continue, keep, cease, finish などがあるが，begin や start は「起動相」を，continue や keep は「継続相」を，また，cease や finish は「終結相」を表す。

　<u>問題提起</u>　相動詞の多くは，to-不定詞と動名詞の両方をとることが知られている。例えば，「begin＋to＋動詞の原形」や「begin＋動詞-ing」の型が存在するが，to-不定詞が使われる場合と動名詞が使われる場合とでは意味的にどのような違いが認められるか。

　よく知られているように，start は，to-不定詞を従える場合と動名詞を従える場合がある。例えば，Quirk et al.（1985：1192）は次のような例を挙げている。

(8) a. He started to speak, but stopped because she objected it.
　　b. He started speaking, and kept on for more than an hour.

　(8a) は，「話そうとしたが実際にはその行為に入らなかった」ことを，一方 (8b) は，「話す行為が遂行された」ことを表している。(8a) の to は，単に「方向」を意味しているに過ぎないが，(8b) の動名詞は現実に起こった内容を表している。以下で，さらに「相動詞＋to-不定詞」及び「相動詞＋動名詞」の例をいくつか観察することにする。

(9) a. Mary began to hit John.
　　b. Mary began hitting John.

（Dixon 1984：591）

（9a）は，例えば，Maryは棒を持っていて，それを振りかざしたことを描写しているが，その後でJohnを叩いたかどうかについては不明である。つまり，実際にMaryがJohnを叩いたかあるいは叩かなかったのかは，この文からだけでは断定できない。一方（9b）に関しては，Maryは少なくとも2，3回はJohnを棒で叩いたことを表している。[12]

次にcontinueの後にto-不定詞と動名詞が続く場合について見てみる。

（10）a. We continued to party until dawn.
　　　b. We continued partying until dawn.
　　　　　　　　　　　　　　　　（Smith & Escobedo 2001：559）

（10a）は，パーティーが一旦は中断したが，最終的には夜明けまで続けられたことを表しているが，（10b）は，継続の概念が顕著に見られる例であり，パーティーが中断されることなくずっと夜明けまで続いたことを述べている文である。

次に，「cease＋to-不定詞」と「cease＋動名詞」の例を見てみる。

（11）a. It ceased to rain.
　　　b. It ceased raining.
　　　　　　　　　　　　　　　　（Smith & Escobedo 2001：560）

（11a）は，「雨が降り止んだ。そしてこの後もう雨が降ることははないだろう」というニュアンスを伝える。それに対して，（11b）は，「雨は止んだけれど，またしばらくしたら降り始めるかもしれない」というニュアンスを伝える。（11b）にこのような意味が読み取れるのは，-ing形が，何がしかの行為や事態が「進行中」あるいは「継続中」，すなわち，まだそれが途中であることを表すからに他ならない。また，徐々に何かが始まったり終わったりすることを表すのにふさわしいのはto-不定詞の方であり，何かがサッと一瞬で始まったり終わったりすることを表すのには動名詞がふさわしいと言う（佐藤・田中 2009：99）。すると

（11a）は，雨が徐々に降り止んでいった状況を表し，その一方（11b）は，サッと雨が降り止んだ状況を表すことになる。
　次に類義語の関係にある cease と stop について確認する。

(12) a.　He ceased to breathe.
　　 b.　He stopped breathing.

(Wierzbicka 1988：95)

　（12a）は，呼吸が次第に弱くなっていき，やがて止まった様子を描写している。それに対して（12b）は，予測のつかない時点で「彼の呼吸が止まったこと」を暗示している。
　この節では，相動詞に関して，観察した。以上のように，「相動詞＋to-不定詞」と「相動詞＋動名詞」は，一見同じ意味を表しているように見えるが，時として両者に微妙な違いが認められることがある。もちろん，これは相動詞に限られることではなく，その他の表現に関しても類似表現が多々存在することは言うまでもない。すなわち，ある二つの表現に関して，それらが類似していても形式が異なれば，どこかに意味あるいはニュアンスの違いが認められるということである。

III.4　まとめ

(13) a.　to-不定詞の to の中核的な意味は「方向」である。また，「方向」と並んで「到達」の意味も表す。したがって，to-不定詞は，未来志向的な意味と結果の意味を表す。
　　 b.　補部の動名詞が表す事象の時間と主動詞が表す事象の時間とは同時である。
　　 c.　現在分詞の場合も，分詞構文が表す事象の時間と主動詞が表す事象の時間は同時である。

|練習課題|　次の (1a) と (1b) の違いを説明しなさい。

(1) a.　The clock began to strike twelve.
　　b.　The clock began striking twelve.

|練習課題|　次の (2a) と (2b) の違いを説明しなさい。

(2) a.　He continued to paint the fence.
　　b.　He continued painting the fence.

|練習課題|　次の (3a) と (3b) の違いを説明しなさい。

(3) a.　I have ceased to worry.
　　b.　I have ceased worrying.

|練習課題|　次の (4a) と (4b) の違いを説明しなさい。

(4) a.　John went on to talk about his girlfriend.
　　b.　John went on talking about his girlfriend.

|練習課題|　次の (5a) と (5b) の文では，to-不定詞あるいは動名詞のいずれがふさわしいか答えなさい。

(5) a.　She avoids swimming / to swim in the river.
　　b.　She refuses swimming / to swim in the river.

IV. for-to-不定詞補文, to-不定詞補文及び that 補文に関して

　この節では，I'd like for you to meet a friend of mine. のように「for＋人＋to-不定詞補文」を持つ構文，I'd like you to meet a friend of mine. のように「to-不定詞補文」を持つ構文，また，I hope that you will meet a friend of mine. のように「that 補文」を持つ構文に関して考察していくことにする。

IV.1　概念上の距離と言語上の距離：for-to-不定詞補文と to-不定詞補文を中心に

　例えば，現実の世界で実際に起こった一連の出来事を述べる際，話し手がそれらの出来事を起こった順に述べるという行為は自然である。また，物理的にある entity と別の entity との間の関係を言語化する場合，両者の距離をなぞらえるように，その関係が統語上でも表現されることがある。本節では，for-to-不定詞補文と to-不定詞補文に関して，「類像性」(iconicity) の概念から考察する。

　|問題提起|　例えば，I want for you to tell me what happened last night. と I want you to tell me what happened last night. あるいは，I asked for her to teach me Spanish. と I asked her to teach me Spanish. との違いは何か。

　すでに II.1 で少し触れたが，何かと何かが距離的に近い，あるいは遠いという概念上の距離が言語化されるとする類像性の考え方が Haiman (1983) によって提唱されている。Haiman (1983：782) に次のような説明がある。

（1）The linguistic distance between expressions corresponds to the conceptual distance between them. In other words, conceptual distance tends to match with linguistic distance and conceptual proximity with linguistic proximity.

　（1）のHaimanの説明の要点は，「概念上の距離は言語上の距離に匹敵する」というものであり，概念上，距離感があるものは，言語上でも距離があるものとして，あるいは，概念上，近いと感じられるものは，言語上でも近い関係で表現される。つまり，概念上，要素Aと要素Bとの間に距離がある場合，統語上においても，要素Aと要素Bは一定の距離が保たれた形で具現化され，一方，概念上，要素Aと要素Bとの間の距離が近い場合は，統語上においても，要素Aと要素Bは近い関係が保たれた形で具現化される。
　具体的に，次のfor-to-不定詞補文を含む文とto-不定詞補文を含む文とを比較することから始めてみる。

（2）a. The coach asked Martin to captain the team.
　　 b. The coach asked for Martin to captain the team.
（Hamawand 2003：177）

　（2a）と（2b）を日本語に訳しても同じになるので，両者の違いを見逃してしまいがちである。では，両文の違いはどのようなものなのであろうか。先ず，（2a）はコーチがマーティンに対して「直接的」に要請をしたことが述べられているということである。それに対して（2b）は，コーチがマーティンに「間接的」に働きかけたことを表している。つまり，（2a）では，コーチとマーティンとの距離は近く，コーチがマーティンに直接的に接触したことが述べられている。一方（2b）では，コーチとマーティンとの間には距離があり，両者の間の接触は間接的なものとなっている。つまり（2b）では，コーチは第三者を仲介者として立ててマーティンに要請をしたような状況が描写されている。したがって（2a）

にbut Martin wasn't thereを続けると不適格な文となるが，(2b)に同じ表現を続けても全体として全く自然な文となる。

(3) a. The coach asked Martin to captain the team, *but Martin wasn't there.
  b. The coach asked for Martin to captain the team, but Martin wasn't there.

(3a)が容認不可能であるのは，前半の文において，コーチが直接的にマーティンに話しかけてチームを率いることを要請したことが言い表されているからに他ならない。それに対して(3b)が容認可能であるのは，コーチとマーティンとの間に直接的に接触することができない程の距離があるからである。

また，興味深いことに，Hamawand (2003)によると，to-不定詞補文とfor-to-不定詞補文の違いに関して，前者は「高い関心」(high degree of interest)を，そして後者は「低い関心」(low degree of interest)を表すという。つまり(2a)の方が，(2b)に比べて，コーチがマーティンにチームを率いてもらいたいと思う気持ちがより強いということになる。言い換えると，コーチのより熱心な気持ちの表明は(2a)でなされているということになる。

さらにto-不定詞補文とfor-to-不定詞補文の例を見ることにする。

(4) a. He wanted her to kiss him.
  b. He wished for her to kiss him.

(Wierzbicka 1988：166)

Wierzbicka (1988)は，for-to-不定詞補文は「不確かさ」(uncertainty)あるいは「自信の欠如」(lack of confidence)を表すのに用いられると述べている。確かに，(4a)に見られるwantの方が(4b)に見られるwishに比べて，より自信があるが故にto-不定詞補文と相性がよく，wishは

自信の欠如を表すが故にfor-to-不定詞補文と相性がよいことが確認できる。この説明は，次のペアの文の文法性の説明にも当てはまるであろう。

(5) a. I asked for her to come to my office at six o'clock.
　　b. *I ordered for her to come to my office at six o'clock.

　(5a)のaskと(5b)のorderを比較すると，orderは「命令する」を意味するのであるから，ask（要請する）に比べて，明らかにorderの方が押しの強い意味を表す。したがって，orderは，相手に直接的に働きかける意味合いが強く，for-to-不定詞補文と相性が悪いということになる。そのため(5b)の表現は，容認されない。orderはto-不定詞補文とのみ共起するのでI ordered her to come to my office at six o'clock.のように表現される。

　上で見たように，to-不定詞補文と比べて，for-to-不定詞補文の方が話し手あるいは文主語と対象（目的語）に当たる人物の間にforが介入しているぶん，それだけ両者の間に距離感が感じられることになる。したがって，to-不定詞補文を採用すれば，当然，その距離感が縮まることになり，それだけ話し手あるいは文主語の対象（目的語）に対する影響力は直接的となり，それは，I asked her to come to my office at six o'clock.といった形で具現化されることになる。

　Wierzbicka (1988：167)は，expectとwaitを比較し，expectの方が文主語により自信があることを示し，それ故にto-不定詞補文が適切に後続すると説明している。それに対し，waitはexpectに比べて文主語に自信が欠如していることを表すので，for-to-不定詞補文との共起が好まれると述べ，次の例を挙げている。

(6) a. She expected / *waited him to come.
　　b. She waited / *expected for him to come.

　(6a)と(6b)のいずれも日本語に訳すと「彼女は彼が来るのを待った」

となるのであるが，英語では，彼がやって来るということはまず間違いないと思っている場合にexpectが用いられ，やって来るかどうかはっきりわからないような場合にはwaitが用いられる。

以上のように，用いられる主動詞の意味そのものが，for-to-不定詞補文あるいはto-不定詞補文のいずれかの選択の決め手になっている場合がある。

さらに，for-to-不定詞補文とto-不定詞補文との間には，上記以外の違いが存在する。それは，for-to-型は「他者指向」(other-oriented)であり，to-型は「自己指向」(self-oriented)であることである（Wierzbicka 1988：113）。例えば，Wierzbicka（1988：113）が挙げている次のペアの文についてはどうであろうか。

(7) a. I was delighted for Peter to win.
　　 b. *I was delighted for me (myself) to win.

(7a) では，文主語のIとPeterとは同一指示的ではない。また(7b)は，文主語のIとme (myself) が同一指示的となっているがために，文法的でない文となっている。つまり，この型の文においては，文主語とfor以下に出てくる人物とは常に別人でなければならない。したがって，例えば，I'd be delighted for you to stay with me.のように，文主語とは同一指示的でない人物がforの後に導入された表現のみが許容されるのである。

以上，for-to-不定詞補文が表す文主語の目的語（対象）に対する行為の「間接性」，及びto-不定詞補文が表す文主語の目的語（対象）に対する「直接性」を見た。このようにfor-to-不定詞補文は「間接性」を表すので，この型が用いられている文は，語用論的な観点から，to-不定詞補文が用いられている文に比べて，より柔らかで，強制力が弱いということになる（Givón 1990：528）。このことを，Givón（1990：528）が挙げている例で確認しておく。

(8) a. I'd like you to leave right away / ?be able to leave when you're ready.
　　b. I'd like for you to leave right away / be able to leave when you're ready.

(8a)では，I'd like you to...のto-不定詞補文タイプが用いられており，(8b)に比べ，文主語が直接的に目的語 (you) に働きかける意味合いを有しているので，その後に be able to leave when you're ready のような控えめな表現がくると相性が悪いことになる。それに対して，(8b)では，for-to-不定詞補文が用いられていて，文主語が間接的に目的語に働きかける表現となっているため，to 以下の be able to leave when you're ready を許すことになる。

　さらに，動詞によっては，to-不定詞補文と for-to-不定詞補文のいずれをも許すが，前者が用いられている場合は，文主語の対象 (目的語) に対する直接的な関与を，一方，後者は文主語の対象 (目的語) に対する間接的な関与を含意する。このことを次の Givón (1993：34) が挙げている例で確認しておく。

(9) a. She asked him to bring the file, *but they couldn't find him.
　　b. She asked for him to bring the file, but they couldn't find him.
(10) a. She ordered him to cook their meal, *and sent them to bring him over.
　　b. She ordered for him to cook their meal, and sent them to bring him over.

以上のように，to-不定詞補文と for-to-不定詞補文とでは，その使われ方に違いがあることが確認できる。

Ⅳ.2　to-不定詞補文と that 補文，for-to-不定詞補文と that 補文

　to-不定詞補文と that 補文のいずれを用いても，「知的意味」が同じで

ある場合がある。また同様に，for-to-不定詞補文とthat補文のいずれを用いても「知的意味」が同じである場合もある。しかし，「知的意味」が同じであっても，それぞれの補文が適切に用いられる語用論的な理由が存在するものと思われる。以下でこのことについて見ていく。

|問題提起| どのような場合に，to-不定詞補文，for-to-不定詞補文及びthat補文がそれぞれ使い分けられているのか。

先ず，次のペアの例文の観察を通して，to-不定詞補文とthat補文の違いについて考えてみる。

(12) a. I persuaded Jan to do her homework
　　 b. I persuaded Jan that she should do her homework.
　　　　　　　　　　　　　　　　　　　　　(Kirkpatrick 1983：217)

Kirkpatrick (1983) によると，(12a) は，Jan側にto以下の行為を行う意図があることを含意しているが，その一方，(12b) にはそのような含意はないという。彼は，次の (13) を挙げ，(12b) を (13) の下線部に入れても，意味的に矛盾しないが，(12a) を (13) の下線部に入れると矛盾した意味を表すことになると述べている。なぜなら，(12b) は「ジャンには宿題をする気がない」(Jan has no intention to do her homework.) という内容を含意するからであると，Kirkpatrickは説明している。

(13) Although ＿＿＿, she has no intention of doing so.

以上のことから，(12a) と (12b) は意味的に似通ってはいるが，完全には同義でないことになる。このように，to-不定詞補文とthat補文との間には，微妙に意味の違いがあることがわかる。(12a) ではJanに「宿題をする意図」があることが含意されており，当然の帰結として「ジャンは宿題をした」(Jan did her homework.) ことが含意される。したが

って，次の (14a) は矛盾をはらんだ文となってしまう。一方，that 補文が用いられている (12b) は，that 補文内ではまだ遂行されていない「宿題をする」という行為，すなわち，これから未来において行われるべき行為が述べられている。ゆえに，that 補文が用いられている (12b) では，文主語であるIは単にJanにthat 補文の内容を行うように仕向けるに留まっているので，次の (14b) は，矛盾のない文として成立していることになる。[13]

(14) a. *Although I persuaded Jan to do her homework, she has no intention of doing so.
　　 b. Although I persuaded Jan that she should do her homework, she has no intention of doing so.

さらに，Hamawand（2003：190-191）が挙げている次の例を見ることにする。

(15) a. I said for him to be sacked.
　　 b. I said that he had to be sacked.

(15a) は，補文の内容に関して，話し手であるIの主観的な見解が述べられている。つまり，(15a) は，個人的な知識・判断に基づく陳述文である。他方，(15b) は，補文内容に対するIの客観的な見解が述べられている。つまり，that 補文の内容は，話し手以外の出所からの情報である。言い換えると，that 補文の内容は，第三者にも真であると認識できる客観的なデータであり，(15b) はその客観的なデータを述べている陳述文ということになる。

また，Kirkpatrick（1983：217）流の説明を採用すると，(15a) は，話し手であるIが，「彼が解雇される」（for him to be sacked）という補文内容を実現化させる力あるいは能力を有していることを暗示している。他方 (15b) は，話し手であるIは，単にthat 補文の内容が遂行され

るべきであると主張しているに過ぎない。すなわち (15b) において, 文主語Iは, that 補文の内容を引き起こすだけの権力を持つ立場にはないことが暗示されているということになる。さらに, for-to-不定詞補文を持つ (15a) では, 補文内容はまだ現実化されていないことを述べているのに対し, that 補文を持つ (15b) においては, he was in fact sacked という事態を含意する。すなわち, that 補文を伴う (15b) においては, 現実に彼が解雇されたことが含意されている。

　以上のように, to-不定詞補文と that 補文の違い, また, for-to-不定詞補語文と that 補文の違いを観察した。この節においても「一つの形式に対して一つの意味が対応する原理」(one form-one meaning principle) が生きていることが確認できる。やはり, 形式が違えば意味あるいはニュアンスが違うということがわかる。

IV.3　まとめ

　この節でも, Haiman (1983, 1985) や Lakoff & Johnson (1980) が主張しているような, 言語の類像性の概念を確認することができた。すなわち, 概念上の距離が言語上の距離に一致する場合があることを見た。以下で, どのような場合に that 補文が選択され, どのような場合に to-不定詞補文あるいは for-to-不定詞補文が選択されるのかという本節の内容を, まとめてみる。

(16)　a.　話し手（文主語）と対象（目的語）との間に物理的あるいは心理的に距離があると認識されている場合, それは that 補文で表現される。

　　　b.　話し手（文主語）と対象（目的語）が物理的あるいは心理的に距離が小さいという認識がなされている場合, それは for-to-不定詞補文あるいは to-不定詞補文で表現される。その場合, 前者には for が余分に存在するぶん, 後者よりも大きい距離感を表現することになる。

　　　c.　上の b. からの帰結として, for-to-不定詞補文と to-不定詞補

文を比較すると，前者は，話し手（文主語）の対象（目的語）への働きかけは「間接的」であるが，後者のそれは「直接的」ということになる。

  d. したがって，話し手（あるいは，文主語）と対象（目的語）との間の概念上の距離が最も大きければ，that 補文が選択され，それに次ぐ小さい距離があれば，for-to-不定詞補文が選択され，最も距離が小さければto-不定詞補文が選択される。要するに，概念上の距離は，統語上，that 補文＞for-to-不定詞補文＞to-不定詞補文の順に具現化される。また，話し手（あるいは，文主語）と対象との間の物理的な距離に関しても，同様の説明が当てはまる。

|練習課題| 次の (1a) と (1b) の違いを説明しなさい。

(1) a. I chose for Mary to lead the parade.
  b. I chose Mary to lead the parade.

|練習課題| 次の (2a) と (2b) の違いを説明しなさい。

(2) a. I want this man dead by noon.
  b. I want this man to be dead by noon.

|練習課題| 次の (3a) と (3b) の違いを説明しなさい。

(3) a. He wanted Mary to hurry.
  b. He wished that Mary would hurry.

V. 使役文に関して

　この節では，いわゆる「使役文」と呼ばれている一群の文に関して Givón（1993）や Wierzbicka（1988）などの説明を参考にしながら考察する。

V.1　使役文の種類

　使役文と一口に言っても，その種類は複数あることが知られている。使役文は，分析的使役動詞（analytic causatives）あるいは，迂言的使役動詞（periphrastic causatives）と呼ばれる cause, make, have, get, let などの一群の使役動詞を用いて作られるが，場面や状況に応じて最も適切な使役動詞が選択される。例えば，次のような使役文が存在する。

(1) a.　John caused Mary to go there.
　　b.　John made Mary go there.
　　c.　John had Mary go there.
　　d.　John got Mary to go there.
　　e.　John let Mary go there.

　(1a)〜(1e)は，それぞれの文が表す意味とそれぞれの文が適切に用いられる場面・状況が違う。この節では，それぞれの使役動詞がどのような場面・状況で使い分けられているのかを見ていく。

|問題提起|　英語では，使役文を作る際，使役動詞として cause, make, have, get, force, let など一群の動詞が使われている。日本語では，「〜に…させる」「〜に…してもらう」のような表現が使役の意味となるが，これらの英語の使役動詞の棲み分けは

どのようになっているのか。

V. 2　makeとcauseに関して

　使役文を作る動詞の代表格とも言える動詞は，makeであるが，ここでは，makeとcauseに関して考察する。

|問題提起|　　makeとcauseは，それぞれ，「make＋対象（目的語）＋裸不定詞（動詞の原形）」，「cause＋対象（目的語）＋to-不定詞」の形で用いられるが，両者の違いはどのようなものか。

　まず，Givón（1993：8）が挙げている次の例文を見ることにしよう。

(2) a.　She made him quit his job.
　　b.　She caused him to quit his job.

Givónは（2a）と（2b）の違いとして，まず（2a）においては文主語sheの意図性が窺えるが，（2b）の文主語sheには意図性が感じられないと説明している。このことを裏づける例として，Givón（1993：8）は，例えば次の（3a）と（3b）に見られるように，「思わず知らず」「うっかり」のような意味を持つ副詞表現を文頭に置くことによって，makeは意図性を含意し，一方causeは非意図性を表すとする説明の妥当性を主張している。

(3) a.　?Without intending to（?Inadvertently），she made him quit his job.
　　b.　Without intending to（Inadvertently），she caused him to quit his job.

　確かに上の例では，make使役文に非意図性を表す表現が共起すると，文全体の容認度が下がっている。またGivón（1993：9）は，make使役

文においては，補文主語に関しても，補文が表す事態は補文主語の「意図的行為」を描写するものでなければならないと述べている。

(4) a. Mary made John quit his job.
　　b. ?Mary made John lose his job.
　　c. Mary made John drop to the ground.
　　d. ?Mary made John trip and fall down.
　　e. Mary made John climb faster.
　　f. ?Mary made John grow faster.

それに対して，cause 使役文においては，補文が表す事態は，補文主語の意図的行為と非意図的行為のいずれをも許すと Givón (1993 : 9) は述べ，次の諸例を挙げている。

(5) a. Office politics caused John to quit his job.
　　b. Office politics caused John to lose his job.
　　c. The low visibility caused John to drop the ground.
　　d. The low visibility caused John to trip and fall.
　　e. Wanting to finish fast caused John to climb faster.
　　f. High potency vitamins caused John to grow fast.

しかしながら，make 使役文では文主語に「意図性」が認められるとする Givón (1993) に対する反例が，Duffley (1992 : 58) が挙げている次の (6a) の例に見られる。(6a) と (6b) においては，文主語の「非意図性」が認められる。また (6c) は，文主語が無生物の例であり，この例文では，最初から文主語の「意図性」は閉め出されている。

(6) a. Oops! I'm sorry. I just made you miss your bus.
　　b. He made Kate laugh when he objected to her wiping the dirt and sweat from his face and making him look like a sissy.

(D. Morrell, *Long Lost*)

 c. As I left the restaurant, about to cross the parking lot, a noise made me pause.　　　　　　　　　　　　　　　　（Ibid.）

　(6a) は，聞き手がバスに乗り遅れるという事態を引き起こしてしまい，そのことを話し手が謝罪している文である。(6a) からわかることは，話し手 (I) が相手 (you) を意図的にバスに乗り遅れさせようとしていたわけではないということであり，このような場面でのmakeの使用は，Givónの説明に反するが，実際，(6a) は問題のない文である。このことから，makeは必ずしも常に主語の「意図性」を含意するものではないということになる。また (6b) は，主語であるheがKateを思わず笑わせたことを述べているが，この文ではheにKateを笑わせようという意図性は特に認められない。(6c) に関しては，makeの主語が無生物のnoiseであるので，主語に意図性が認められない。

　このように (6a) (6b) (6c) のような例もあることから，make 使役文の文主語の「意図性」に関しては，Givón (1993) の主張は一面的であると言わざるを得ない。したがって，make 使役文の主語に関しては，その「意図性」と「非意図性」のいずれをも表すことがあるとしてよいであろう。

　さらにGivón (1993：9) は，makeとcauseの違いとして，makeは，その主語に人間の動作主 (agent) を必ずとるが，causeはその主語が動作主以外である可能性もあると述べ，次のような例を挙げている。

(7) a. *John's behavior made Mary quit her job.
  b. *The political situation made Mary quit her job.
  c. John's behavior caused Mary to quit her job.
  d. The political situation caused Mary to quit her job.

　(7a)～(7d) を眺めると，make 使役文では動作主以外のものが主語になることはできないが，causeの場合は，動作主以外のものでも主語

150 第二章　意味的・語用論的動詞の分析

として許されるかに見える。しかしながら，現実には，make 使役文においても動作主以外の無生物が主語になっている例は少なくない。以下に実例を挙げておく。

(8) a. And thinking of him often made her feel guilty that she hadn't gone on tour again, but there had never been time.
（D. Steel, *Family Album*）
　　b. Uneasiness made me urinate.　　　（D. Morrell, *Long Lost*）
　　c. The way he said that made us chuckle.　　　（Ibid.）
　　d. Your own personal philosophy will make you do that.
（D. Carnegie, *How to Stop Worrying and Start Living*）

ここで気がつくことは (7a) と (7b) においては，その補文内の quit her job は「意図的な行為」であるという点である。文主語が無生物であり，補文主語の行為に意図性が認められる場合は，(7a)(7b) ともに適格な make 使役文として成立しない。その一方で (8a)〜(8d) に見られるように，文主語は同じように無生物であるが，補文主語の行為は意図的ではなく，むしろ自然発生的な性質を表すものであると考えられる。したがって，make 使役文において文主語は必ずしも動作主でなければならないということはなく，動作主以外のものが文主語として許される場合もあり，補文主語の行為は非意図的で自然発生的な行為である場合もあるということになる。[14]

さらに，make と cause に関しては，それらに後続する補文との時間の隣接性（temporal contiguity）に違いがあることが，Givón（1993：11）によって指摘されている。すなわち make は，それに続く補文と同時的，あるいは時間的に隣接していなければならない。一方，cause にはそのような制限はない。つまり，cause に続く補文の生起する時間は，cause が表す時間と同時的でなくてもよいし隣接している必要もなく，場合によっては，相当な時間が経過した後で補文の表す事態が生起したことを表現することも可能である。[15]

V.　使役文に関して　151

(9) a. Two years ago John finally made Mary quit her job.
　　b. John made Mary finally quit her job yesterday.
　　c. *Two years ago John made Mary finally quit her job yesterday.
　　d. John's behavior two years ago caused Mary to finally quit her job yesterday.

　使役動詞 make に後続する補文が，時間的に make と同時であるか隣接しているということは，make が直接的に補文の表す結果を生み出すことを意味する。それ故に，make に後続する補文は裸不定詞（すなわち，動詞の原形）が用いられるものと考えられる。一方，cause に後続する補文が to-不定詞補文の形となっているのは，to が介入していることによって，cause が示す時間と補文が示す時間とに隔たりがあることを暗示する。ここでも Haiman（1983）が唱えているように，概念上の距離感が言語上にも具現化されているとする考えを適用することができるであろう。

　さらに，以下で make 使役文の別の特徴について触れておきたい。よく知られている通り，make 使役文には補文主語が補文内容の遂行にあたり抵抗感を持ってそれを行うという意味合いがある。つまり，補文主語が主節主語により無理やり何がしかの行為をさせられるということを表す場合に，「make ＋対象（目的語）＋裸不定詞（動詞の原形）」のパターンをとる。ただし，Wierzbicka（2006：182）は場合によっては，make 使役文は対象の不承不承を含意せず，対象は補文内容を遂行しなければいけないと思っているような内容を表すこともあると述べ，次の（10a）を挙げている。

(10) a. My wife made me go to the doctor. I was planning to go anyway, but I kept putting it off, so she rang and made an appointment for me.
　　b. Six ways to make people like you

(D. Carnegie, *How to Win Friends & Influence People*)

c. If you want to know how to make people shun you and laugh at you behind your back and even despise you, here is the recipe : never listen to anyone for long.　　　(Ibid.)

　(10a) では，話し手はとにもかくにも医者に行かなければならないと思っていたわけであり，そのことを実行する意図があったことが述べられているので，この例文は話し手が強制的に妻に医者に行かされたという意味を表すのではないことがわかる。さらに，(10b) (10c) のような例からも明らかであるが，目的語である人物に抵抗感があるとする解釈は成立せず，むしろ目的語である人物に単に何がしかの行為に向かわせる解釈が成立している。つまり，make 使役文であっても常に目的語である人物に抵抗感があるわけではないということになる。

　確かに，使役動詞 make は，「強制」の意味を表す場合が多いが，(10a) から (10c) の例文の make に「強制」の意味がないことは明らかである。(10b) は，「人から好かれるための六つの方法」を意味しているに過ぎず，「強制的に人をあなたのことを好きにさせる」という意味ではない。また，当然ながら，人の好き嫌いといった感情は，そもそも自分の意志でコントロールできる類いのものでもない。同様のことが (10c) に関しても言える。

　以上のことから，make は文主語が対象（目的語）に直接的に働きかけて，抵抗する対象に何がしかの行為を強制的にさせることを意味する動詞であることが確認できる。また，この make の用法においては，文主語が対象に働きかける時間と対象が強制された行為を行う時間が，同時である。しかしながら，上で見たように，確かに make 使役文の文主語が目的語である対象に対して「強制的に」何がしかの行為をさせるという意味を表すことが多いのは事実であるが，その一方で，対象に対して強制ではなく，結果的に何がしかの行為に向かわせる，あるいは対象に何がしかの心理状態を経験させる意味で make が用いられることもあることに注意すべきであろう。

他方，causeは「原因」を表し，「原因」があって始めて「結果」が生じる。すなわち，何がしかの原因が生じ，ある一定のプロセスを経て結果が生じるという意味合いを「cause＋対象（目的語）＋to-不定詞」は表すということである。ここでも，すでに見たように，toはいわばプロセスを象徴する標識として機能しているとしてよいであろう。

　これまで見てきたことをまとめてみると，次のようになる。

(11) a. 主語＋make＋対象＋裸不定詞（動詞の原形）：
　　　　使役動詞makeの主語が直接的に対象に働きかけて，対象が自分の意志に反して何がしかの行為を行うことを表す。ただし，時として，この種の使役文は，対象に抵抗がない場合をカバーすることもある。
　　b. 主語＋cause＋対象＋to-不定詞：
　　　　使役動詞causeの主語は，間接的に対象に働きかけ，ある一定のプロセスを経て対象が何がしかの行為を行うことを表す。
　　c. 一般的には，makeの主語には意図性があるが，causeの主語には意図性がない場合が多い。しかし，時として，makeの主語に意図性がなく，causeの主語に意図性が認められる場合も存在する。
　　d. makeとその補文は時間的に「同時的」「隣接的」であるが，causeに関してはその限りではない。

V.3　have 使役文に関して

　よく知られているように，haveは多義語であり，その用途も相当広いわけであるが，ここでは使役動詞としてのhaveに関して観察することにする。

|問題提起|　have 使役文の本質的な特徴は，どのようなものか。また，have 使役文とmake 使役文とは，どのような点で違っているか。

この節ではmake使役文と対比させながら，have使役文に関して見る。「主語＋have＋対象＋裸不定詞（動詞の原型）」のパターンは，主語が対象に権力を振りかざしたり，あるいは，脅迫して何かを強制的にさせるというようなことは表さない。つまり，この構文は，主語が対象に何かをするように頼めば，対象はそれを当然やるべきである，あるいはやるのが自然であると考えている状況を背景に用いられる。例えば，職場で社長が部下に何かをするように要請することは日常的に行われていることであるが，少なくとも，勤務時間内に社長が何か仕事上のするべきことを部下に要請した場合，部下はその要請に応えるのが当然であると思っているのが普通の状況である。あるいは，学校においては，勉強をしたりクラブ活動をするという状況においては，生徒あるいは学生が教員あるいは指導者の指示に従うことがごく普通の状況であると考えられており，このような状況下では，通例，have使役文が用いられる。すなわち，「主語＋have＋対象＋裸不定詞（動詞の原形）」は，対象が主語の指示に従う用意ができている状況下で用いられる。

　このようにhave使役文には，文主語が対象である目的語に，ある行為を意志に反して強制するという意味合いはない。したがって，上記のような状況下で，have使役文が最も適切に選択されるということになる。例えば，The boss had his secretary make a copy of the document.（社長は，秘書にその文書のコピーをさせた）あるいはThe professor had his students read the book of linguistics.（教授は，学生たちにその言語学の本を読ませた）といったhave使役文が，その例となる。また，have使役文では，対象は通例，人間でなければならないことが，Talmy（1976：107）によって指摘されている。

（12）a.　*I had the squirrel leave its tree.
　　　b.　The trainer made / ?had the lion dance.

　make使役文は，対象が主語から圧力をかけられていることを含意することが多いが，have使役文にはそのような含意はなく，また対象の

側に不承不承といった態度が見られることもない。

　また，have 使役文のhave は，普通その目的語に「不定」ではなく，典型的には「the ＋名詞」といった「定」の目的語をとることがWierzbicka（2006：177）によって指摘されており，次のような例が挙げられている。

(13)　a.　X made Y eat fish.
　　　b.　?X had Y eat fish.
　　　c.　X had Y return the fish to the shop.

　Wierzbicka（2006：177）によると (13c) においてXは，Yにというよりもむしろthe fishに何かが起こることを欲していることを含意する。一方，(13a) のようなmake 使役文は，独裁的な権力，故意の残忍さ，悪意，罰などの行使を言い表すのに適しているのだと言う。このことは，次の (14a) と (14b) の容認性の違いを反映している。

(14)　a.　She used to make us kneel on graters for a thing like that.
　　　b.　?She used to have us kneel on graters for a thing like that.
　　　　　　　　　　　　　　　　　　　　（Wierzbicka 2006：177）

　また，Wierzbicka（2006：177）は以下のように，make 使役文は受動化が許されるが，have 使役文は受動化が許されないことを指摘している。

(15)　a.　He was made to pump the tyres every morning.
　　　b.　*He was had to pump the tyres every morning.

　(15a) と (15b) の違いに関して，make 使役文の対象（目的語）は，文主語の行為のターゲットであり，潜在的に興味に値するので，それを話題化（topicalize）することができるが，have 使役文の対象（目的語）は，文主語の行為のターゲットではなく単なる道具なので，話題化する

ことができないとWierzbicka（2006：177）は説明している。[16]

　以上の点が，have使役文とmake使役文の違いということになる。

V.4　get使役文に関して

　よく知られているように，動詞getも多義語であるが，ここでは，使役動詞としてのgetに関して見ていくことにする。

|問題提起|　　get使役文の本質は何か。また，make使役文あるいはhave使役文とは，どのような点において違いがあるのか。

　get使役文は「主語＋get＋対象＋to-不定詞」のパターンをとるが，どのような場合にこの構文が使われるのか検討してみることにする。getそのものの意味は，「手に入れる」ということであり，動作を行う主体に何がしかの努力が感じられる。そこから，「主語＋get＋対象＋to-不定詞」のパターンにおいては，主語が対象に働きかけてto以下のことをするように仕向ける意味合いがあり，いわば主語側に何がしかの「努力」がなされるということが感じられる。したがって，get使役文は，例えば，主語が対象を「説得」して何かをさせる，あるいはしてもらうという感じを表現することになる。つまり，主語の対象への「働きかけ」が含意されている点がこの構文の特徴であるということになるであろう。

　これまで見てきたことに基づいて，次の諸例の間に認められる違いを確認しておくことにする。

（16）a.　Mary made John quit drinking.
　　　b.　Mary had John quit drinking.
　　　c.　Mary got John to quit drinking.

（16a）は，Maryが無理やりJohnに禁酒させたことを表している。この文からは，Johnは禁酒をしたくはないと思っているが，Maryが抵抗するJohnに有無を言わせず強制的に禁酒させた状況が読み取れる。

（16b）は，例えば，Maryが医者でJohnが患者のような場面を想起させる例である。すなわち，医者の立場からMaryは，Johnに対して禁酒するように助言をし，また患者であるJohnも，自分が病気の身であるので当然禁酒するべきであると考えており，Maryの助言に従ったような状況が想像できる。そして（16c）に関しては，例えば，MaryがJohnの妻で，Johnの側に抵抗はあるものの，Johnの体を心配している彼女が説得して，Johnを禁酒に踏み切らせたというような状況が想像できる。

このように，各使役文は，それぞれがおのおのの役割を分担していることが確認できる。（16c）のようなget使役文の特徴は，文主語が対象に対して権力や権威を持っているわけではなく，あくまでも文主語の対象に対する働きかけによって，対象が何がしかの行為を行うことを表すところにある。この点が，get使役文がhave使役文と違うところである。have使役文においては，すでに確認したように，例えば社長が社員に何かをさせるような場面に見られるように，文主語が何がしかの権力や権威を対象に対して持っていることが，暗に感じられるわけである。

また，文主語が対象に何かをさせようとする場合，文主語は対象に対して，してもらいたいことを言葉を使って伝えるというのが通例であろう。主語が言葉を使って対象に働きかける状況はhave使役文とmake使役文が受け持つが，get使役文は言葉を使った働きかけだけでなく，言葉を使わない働きかけもカバーする。この点もhave使役文とget使役文との違いであることが，Wierzbicka（2006：178）によって指摘されている。

(17) a. How did you get the washing machine to go? I couldn't.
　　 b. ?She had the washing machine go.
　　 c. ?She had the dog swallow the pill.
　　 d. She got the dog to swallow the pill.

上で述べたように，get使役文では，getが用いられていることから，対象に対する文主語の「努力を伴った働きかけ」が含意されるので，こ

の文を用いて，文主語が対象にしてもらいたいと思っている行為を一瞬のうちにさせることは，表現できない。すなわち，文主語が対象に対して働きかけ，ある一定のプロセスを経て対象に何がしかの行為を行わせるということを述べる構文が，get 使役文ということになるであろう。[17]

V.5　語彙的使役動詞と分析的（迂言的）使役動詞

　語彙的使役動詞を用いた使役文の存在も知られる。語彙的使役動詞とは，使役過程と結果出来事がその語彙の中に含まれている単純形動詞である。例えば，語彙的使役動詞として用いられる動詞には，sit, stand, stop, start, open, break, kill, cut などの他動詞がある。

|問題提起|　語彙的使役動詞を用いた使役文とこれまで見てきた分析的（迂言的）使役動詞の make や cause，get などを用いた使役文との間には，どのような違いがあるのか。

次の例文を見ることにする。

(18) a. The policeman stopped the truck.
　　 b. The policeman made the truck stop.
(19) a. John started the engine.
　　 b. John got the engine to start.
(20) a. Mary stood her child up.
　　 b. Mary made her child stand up.
(21) a. Bob burned the letter.
　　 b. Bob caused the letter to burn.

　(18a) と (18b) の違いは何であろうか。(18a) では，「警官がトラックを止めた」ことが述べられているが，この場合は，警官が手を上げるといった通常のやり方でトラックを止めたと解される。しかし (18b) は，トラックが止まろうとしなかったので，警官が手を上げるという行

為以外の警笛を鳴らすといった手段で，強制的にトラックを止めた状況を表す。

　(19a) と (19b) に関してはどうか。(19a) は，John がエンジンを普通に始動させたことを述べている文である。他方 (19b) は，John が努力をした結果，やっとのことでエンジンを始動させることができた，というような状況を表している。では (20a) と (20b) についてはどうであろうか。(18) と (19) では対象がモノであるが (20) における対象は人間 (child) である。(20) のいずれの文も「メアリーは自分の子供を立たせた」ことを述べているのであるが，他動詞 stood が用いられている (20a) が表す状況は，子供に対する関わり方が直接的であり，(20b) におけるそれは間接的であるところが両者の違いである。例えば (20a) は，直接子供の体をつかんで立たせたような状況を描写している。具体的にはいろいろな状況を想定することができるであろうが，とにかく，文主語の Mary が一方的に子供を立たせた状況が述べられている。他方 (20b) は，言葉を使って子供を立たせたような状況を表している。この場合は，her child は自分の意志で自ら立ったという解釈が得られる。また，(21a) では，ボブ本人が直接手紙を燃やした事態が述べられている。一方，(21b) では，ボブ自身が手紙を燃やす行為者ではなく，ボブ以外の人物を介してその行為が遂行されたとする解釈が可能である。

　以上の観察から (18a) や (19a) のように，語彙的使役の他動詞が用いられている使役文では，文主語が行う動作は，普通に考えられる一般的な方法で自らの力を行使して何かを引き起こすことを表すことがわかる。それに対して (18b) や (19b) のように make や get が用いられている使役文では，文主語の努力や苦労を伴って何かが引き起こされることを表すことがわかる。しかし，これは対象が無生物の場合であり (20a) のように対象が人間 (child) の場合は，文主語の一方的な行為が述べられることになる。それに対して (20b) は，文主語の指示などにより，対象が行為を実行したことが表現されていることになる。また，(21b) では，使役作用と結果が時間的に離れていてもよいので，次の (22b) は適格文だが，(21a) では，行為と結果が一まとまりの事態として捉え

160　第二章　意味的・語用論的動詞の分析

られるので次の (22a) のような表現は容認されない (Haiman 1985, 丸田 1998)。

(22) a. *On Saturday Bob burned the letter on Sunday.
　　 b. On Saturday Bob caused the letter to burn on Sunday.

V.6　まとめ

　この節では, make 使役文, cause 使役文, have 使役文, 及び get 使役文に関して概観したが, それぞれの使役文の一般的な特徴をまとめてみると次のようになる。

(23) a.「主語＋make＋対象＋裸不定詞 (動詞の原形)」型:
　　　　文主語が対象に, 強制的に何がしかの行為をさせる状況を表す。makeと補文は時間的に同時的あるいは隣接的である。一般にmake 使役文は,「強制」の意味を含意するが, 常に「強制」を含意するわけではなく, 時として, 文主語が補文主語 (対象) に何がしかの行為を非意図的にさせることを表す場合もある。
　　 b.「主語＋have＋裸不定詞 (動詞の原形)」型:
　　　　要請すればそれに応じることが当然あるいは自然であるような状況下で, 文主語が補文主語 (対象) に何がしかの行為をさせる状況を表す。
　　 c.「主語＋get＋対象＋to-不定詞」型:
　　　　文主語が説得などをして補文主語 (対象) に働きかけ, 何がしかの行為をさせるという状況を表す。すなわち, 文主語の「努力を伴う対象への働きかけ」の意味合いが get 使役文で示唆されている。
　　 d. 対象に何がしかの行為をさせるためには, 通例, 言葉を用いて対象に働きかけるが, get 使役文では, その対象として人以外のモノもカバーし, 言葉を使わないでその対象に何

かをさせることを表すこともできる。

|練習課題|　次の (1a) (1b) (1c) の三文の意味的な違いを説明しなさい。

(1) a.　Meg made Mike wash the car.
　　b.　Meg had Mike wash the car.
　　c.　Meg got Mike to wash the car.

|練習課題|　次の (2a) と (2b) の違いについて説明しなさい。

(2) a.　Kate moved the desk.
　　b.　Kate made the desk move.

|練習課題|　次の (3a) と (3b) の違いについて説明しなさい。

(3) a.　Mike sat the little boy on the chair.
　　b.　Mike made the little boy sit on the chair.

注
1. come true は，(1a) の例では良い意味を表すと解釈できるが，All their fears came true.（Clark 1974：324）は，「彼らが恐れていたことが現実化した」を意味するので，この場合 come true は悪い意味を表すと解釈できる。つまり，「come＋形容詞」という形式自体に「良い」意味があるわけではなく，単に，「状態変化」を表すだけである。
2. Quirk & Greenbaum（1973：353）は，「go＋名詞句」の例 He has gone a Democrat / socialist. を挙げ，このような文には話し手の非難や軽蔑の態度が感じられるとしている。しかし，これは語用論的な説明であり，この型も単に「状態変化」を示しているに過ぎない。
3. 「領域」とは，観察者（話し手あるいは文主語と聞き手）が物理的あるいは心理的に関与している（あるいは影響を与えたり受けたりする）範囲

を指すものであると定義づけておく。
4. すると，この考え方を「come＋形容詞」と「go＋形容詞」にも当てはめることができる。「come＋形容詞」は，話し手あるいは文主語の領域内に対象が存在することを含意し，その状態に新たな変化を加えることができる余地が残されていることが暗示される。一方，「go＋形容詞」は，話し手あるいは文主語が最早対象に関与することができない状態への変化を表しており，その状態に対して手を施せないことが暗示される。
5. 確かにgoは唐突さ（suddenness）を表すことがあるが，かなりの時間に渡る状態変化を表すこともある。例えば，Their marriage went sour over the years.（Radden 1996：447）のような例も存在する。
6. 「go＋形容詞」が悪い状態へ移行することを表す例が多く存在するのは，話し手あるいは文主語の「領域外」の事柄について述べる際にgoが選択されるからに他ならない。また，「come＋形容詞」が良い状態への移行を表す例が多く存在するのは，話し手あるいは文主語の「領域内」の事柄を述べる際にcomeが選択されるからに他ならない。
7. ここは，Haiman（1983）の類像性の概念についての簡単な説明だが，この概念については，Ⅳ．1で，もう少し具体的に触れる。
8. 例えば，Verspoor（1999：516）が挙げている次のペアの文を比較してみる：（a）?Seeing John's heavy coat, I believed that it was cold outside.（b）Seeing John's heavy coat, I believed it to be cold outside. 微妙ではあるが，話し手が直接観察した事柄に基づく判断が表される場合，（b）タイプのto-不定詞補文を伴う文の方がふさわしいことがわかる。したがって，to-不定詞補文を持つタイプは主観的な判断を表す傾向が強いと言えそうである。
9. Borkin（1984）も，判断，認識を表す動詞のうち，believe, consider, recognizeなどの場合，to beの省略が可能なのは，to以下の内容が何がしかの価値判断（good or bad）を表しているものに限られると考えているようである。例えば，I consider this discussion to be useless.からto beを省略してI consider this discussion useless.と言うことができる（Borkin 1984：75）。しかし，この制限は，動詞が現在形の場合にのみ

適用されるのであり，完了不定詞がこれらの動詞に続く場合，to-不定詞補文の内容は価値判断を含むものに限られるわけではなく，いわば，どのような内容でも許されるように思われる。例えば，I believe him to have been a doctor.（『ジーニアス英和大辞典』），I believed John to have told the truth.（Dixon 2005：39），I know Mary to have raced giraffes in Kenya.（Dixon 2005：244）などを参照。

10. ただし，presumed him to be dead / to be innocent と presumed him dead / innocent を比較すると，後者の方が「思い込み」の意味がより強いものと考えられる。

11. Quirk et al.（1985：1191）は，概して，to-不定詞は「可能性」を表し，動名詞は，ある行為の現実上の「遂行」を表すと説明して，次のような例を挙げている。(a) She hoped to learn French. (b) She enjoyed learning French. また，Bolinger（1977：13）は，to-不定詞は仮定的な（hypothetical）内容を表すとして，To wait would have been a mistake. を挙げている。しかしながら，to-不定詞が「事実」や「現実性」を表すことは，I know him to be an imposter.（Leech 1971：108）あるいは You are foolish to lend him money.（八木 1999：43）のような例で確認できる。後者の文の to lend him money は，「現実に起こったこと」が描写されているのである。以上のように，従来の説明では処理できない例があるので，違った角度からの説明が必要であろう。

12. Swan（1995：285）は，begin や start の後に to-不定詞が続こうが動名詞が続こうが，全く重要な違いはないとして，She began playing / to play the guitar when she was six. と He started talking / to talk about golf, but everybody went out of the room. を例に挙げている。しかし，例えば，He began working. と He began to work. に関して，有村・天野（1987：132）は，前者は，「いつもの仕事を始めた」という含みがあり，後者には「何か特別な仕事を始めた」という含みがあると述べている。さらに，『英米語用法辞典』（1982：196）には，The baby began crying / to cry. の例が載っている。同辞典は，動名詞あるいは to-不定詞のいずれを用いてもよいと説明しているが，to-不定詞がもっぱら用いられる例と

してThe baby began to feel hungry.を挙げ，動作主に意志の働きが関わらない場合は，to-不定詞が適切であるとしている。つまり，「ナル的事態」の表現にはto-不定詞が好まれるようである。

13. 実際，英語のpersuadeやhelpは「結果」まで含み込んだ意味を持っているが，それに対応する日本語の「説得する」や「助ける」にはそのような意味はなく，「過程」を述べるだけであり，「結果」までカバーするわけではない。例えば，I persuaded her to come.やI helped him to finish the job.は，それぞれ，She came.やHe finished the job.を含意するが，「私は彼女に来るように説得した」「私は彼がその仕事を終えるのを手伝った」は，それぞれ，「彼女が来た」ことや「彼が仕事をし終えた」ことを必ずしも含意しないということである。以上のように，日英の動詞に違いがあることは珍しくないであろう。

14. 実際（6c）の例も，補文内容は，非意図的な行為を表すものと考えられる。

15. Duffley（1992：65-66）にも同様の説明が見られる。Duffleyは，"*Make* evokes merely the idea of 'producing an effect' (=the event expressed by the infinitive)."また，"*Cause*, on the other hand, situates the causal agent *prior to* the event caused and so reqires the *to* infinitive"と述べている。

16. また，もとより，makeはhaveと比べ，他動性（transitivity）が高いということも同時に述べることができるであろう。他動性が高い動詞ほど受動化しやすいということが知られている。makeは，その目的語を変化させたり影響を与える意味合いがあるために，他動性の高い動詞として扱われるが，haveはその目的語を変化させたり影響を与えるような意味合いは持ち合わせず，単に「所有」や「存在」といった「状態」の描写に用いられるという理由で，他動性が低い，もしくは他動性が認められない動詞として扱われる。以上のことが，受動化の可能性あるいは不可能性を説明する一つの材料になるであろう。

17. get使役文の主語が常に人間であるとは限らない。それ故，次の文では文主語の意図的な働きかけの意味合いはない。つまり，自然発生的と

呼べる事態を表す get 使役文も存在することを指摘しておく。In the world that psychologists are most comfortable with, positive feelings about a person or an object get us to approach it, while negative feelings get us to avoid it.（M. Seligman, *Authentic Happiness*）

参考文献

Bolinger, D. (1977) *Meaning and Form*. London: Longman.

Borkin, A. (1973) "To Be and Not To Be." *CLS* 9, 44-56.

Borkin, A. (1984) *Problems in Form and Function*. Norwood, New Jersey: Ablex.

Clark, E. V. (1974) "Normal States and Evaluative Viewpoints." *Language 50*, 316-332.

Curme, G. O. (1931) *Syntax*. Hearth. Rept. 丸善, 1959.

Davison, A. (1984) "Syntactic Markedness and the Definition of Sentence Topic." *Language 60*, 797-846.

Dixon, R. M. W (1984) "The Semantic Basis of Syntactic Orientations." *BLS 10*. 583-595.

＿＿. (2005) *A Semantic Approach to English Grammar*. 2nd. edition. Oxford: Oxford University Press.

Duffley, P. J. (1992) *The English Infinitive*. London and New York : Longman.

Givón, T. (1990) *Syntax Vol. II*. Amsterdam: Benjamins.

＿＿. (1993) *English Grammar: A function-based introduction. Vol. II*. Amsterdam: Benjamins.

Haiman, J. (1983) "Iconic and Economic Motivation." *Language 59*, 781-819.

＿＿. (1985) *Natural Syntax: Iconicity and Erosion*. Cambridge: Cambridge University Press.

Hamawand, Z. (2003) "*For-To* Complement Clauses in English: A Cognitive Grammar Analysis." *Studia Linguistica 57 (3)*, 171-192.

Hornby, A. S. (1975) *Guide to Patterns and Usage in English*. 2nd Edition. Oxford: Oxford University Press.

Hyde, B. (1999) "The structure of the *to*-infinitive." *Lingua 110*, 27-58.

Jespersen, O. (1940) *A Modern English Grammar on Historical Principles. Part V, Syntax, Vol. 4*. Heidelberg: Winter.

Kirkpatrick, C. (1983) "What do *for-to* Complements Mean?" *CLS 19*, 214-223.

Lakoff, G. and M. Johnson. (1980) *Metaphors We Live By*. Chicago and London: University of Chicago Press.

Langacker, R.W. (1991) *Foundations of Cognitive Grammar II*. Stanford: Stanford University Press.

Leech, G. (1971) *Meaning and the English Verb*. London: Longman.

McCawley, J. D. (1988) *Syntactic Phenomena of English. Volume 1*. Chicago and London: University of Chicago Press.

Palmer, F. R. (1974) *The English Verb*. London: Longman.

Quirk, R. and S. Greenbaum. (1973) *A University Grammar of English*. London: Longman.

Quirk et al. (1985) *A Comprehensive Grammar of the English Language*. London: Longman.

Radden, G. (1996) "Motion Metaphorized: The Case of Coming and Going." In R. Dirven, R. W. Langacker, and J. R. Taylor eds., *Cognitive Linguistic Research 6*, 423-458. Berlin・New York: Mouton de Gruyter.

Riddle, E. (1975) "Some Pragmatic Condition on Complementizer Choice." *CLS 11*, 467-474.

Smith, M. B. and J. Escobedo. (2001) "The Semantics of *to*-infinitival vs. *-ing* verb complement construction in English." *CLS 37*, 549-563.

Swan, M. (1995) *A Practical English Usage*. 2nd edition. Oxford: Oxford University Press.

Talmy, L. (1976) "Semantic Causative Types." In Shibatani M. ed. *Syntax and Semantics Vol. 6: The Grammar of Causative Constructions*. New

York: Academic Press.
Verspoor, M. (1996) "The Story of -ing: A Subjective Perspective." In Pütz, M and R. Dirven. eds., *The Construal of Space in Language and Thought*, 417-454. Berlin・New York: Mouton de Gruyter.
____. (1999) "*To* Infinitives." In L. Stadler. and C. Eyrich, eds., *Issues in Cognitive Linguistics Research 12*, 505-526. Berlin・New York: Mouton de Gruyter.
____. (2000) "Iconicity in English Complement Constructions." In Horie, K. ed., *Complementation: Cognitive and Functional Perspective*. 199-225. Amsterdam / Philadelphia: John Benjamins.
Wierzbicka, A. (1988) *The Semantics of Grammar*. Amsterdam / Philadelphia: John Benjamins.
____. (2006) *English: Meaning and Culture*. Oxford: Oxford University Press.

有村兼彬・天野政千代 (1987)『英語の文法』英潮社新社
安藤貞雄 (2005)『現代英文法講義』開拓社
佐藤芳明・田中茂範 (2009)『レキシカル・グラマーへの招待』開拓社
髙見健一 (2011)『受身と使役―その意味規則を探る―』開拓社
友繁義典 (2002)「動名詞と不定詞の意味論」姫路工業大学環境人間学部研究報告　第4号，133-147.
____ (2008)「相動詞の意味論」兵庫県立大学環境人間学部研究報告　第10号，149-160.
____ (2009)「to-不定詞補文 versus 動名詞補文」兵庫県立大学環境人間学部研究報告　第11号，243-251.
____ (2011)「意味論・語用論から見た補文選択の原理」兵庫県立大学環境人間学部研究報告　第13号，115-122.
丸田忠雄 (1998)『使役動詞のアナトミー』松柏社
八木克正 (1996)『ネイティブの直感にせまる語法研究―現代英語への記述的アプローチ』研究社出版

____（1999）『英語の文法と語法―意味からのアプローチ』研究社出版

渡辺登士（1989）『英語の語法研究・十章　実例に基づく英語語法の実証的観察』大修館書店

辞書・コーパス

『英米語用法辞典』第 10 版．（1982）開拓社

Oxford Advanced Learner's Dictionary of Current English. 8th edition. (2010) Oxford University Press. (OALD）

『ジーニアス英和大辞典』初版．（2001）大修館書店

The Corpus of Contemporary American English. (COCA)

索引

あ行

アスペクト（相）　　5, 6, 8-9, 13-18, 20, 26, 34, 44, 69, 87-88, 94, 133
　完了アスペクト　　9, 13-18, 20
　未完了アスペクト　　9, 13, 15-16, 18, 20
アスペクトによる動詞の分類
　状態動詞句（stative VP）　　21, 44
　活動動詞句（active VP）　　21
　到達動詞句（achievement VP）　　21
　達成動詞句（accomplishment VP）　　21
一時的状況（transitory state）　　51-53, 55, 57-58, 60-61, 63, 66-69
意図性　　148-151, 154
意味特性「スル」「ナル」　　21-22
意味役割（semantic role）　　9, 24-25, 32, 42, 88
　動作主（agent）　　9, 30-35, 37-41, 150–151, 165
　対象物（theme）　　9, 25, 46, 73, 76, 115
INDIVIDUAL（＝KIND＋OBJECT）　　46, 49, 53-56
individual-level 叙述詞　　44, 50, 53, 55-56, 59-60, 63, 66, 69-70, 76, 78, 88
entity　　100-102, 104, 137

か行

come と go　　90, 94, 98-103
「come＋形容詞」と「go＋形容詞」　　90, 94, 97, 103, 163
価値判断　　117, 163-164
可変　　66, 68, 76
観察者　　100-102, 104, 162
間接性　　141
外部原因イベント　　29, 31, 33, 35, 37-39, 41
外部原因動詞　　30-31, 33-36
概念上の距離　　137-138, 145-146, 152
含　意　　11, 13-14, 30, 99, 101-102, 110, 114, 116, 124-125, 142-143, 145, 148, 150, 152, 155-158, 161, 163, 165
形容詞　　7, 52, 65-67, 72-76, 90-91, 94-98, 103, 127, 162-163
経路　　11-12, 87
現在進行形　　50-51
現実性　　129, 131-132, 164
項（argument）　　24, 29-34, 36-39, 72, 82, 87, 93
語彙化　　13-14
語彙的使役動詞　　159
5 文型　　2-3
　S＋V（第 1 文型），　　2-3, 8

S＋V＋C（第2文型），　2
S＋V＋O（第3文型），　2-3
S＋V＋O＋O（第4文型），　2
S＋V＋O＋C（第5文型），　2
語用論的な判断　95

さ行

最終到達点　14-15, 18-20
思考・判断・認識を表す動詞　90, 92, 106, 110, 114, 122-124
使役交替（causative alternation）　23-29, 33-42
使役文　90, 93, 147-161, 165-166
使役動詞（make, cause, have, get）　25, 87, 93, 147, 152-154, 157, 159, 168
主観的　104, 107, 109-110, 112-119, 144, 163
出現　102, 104
主動詞（matrix verb）　57, 60-63, 72-74, 77-83, 109, 122, 124-125, 131-132, 135, 141
時間限定副詞　56-58, 68-69
時間の副詞　3, 6, 8-10, 15-19, 21-22
　for X（X時間，X分間）　3, 6, 8-9, 15-17
　in X（X時間で，X分で）　3, 6, 8-9, 15-19, 21
自己を中心とした（ego-centric）　100
自己指向　141
自・他交替（transitivity alternation）　23-24, 42, 88
自動詞用法　3-5, 21, 23-26, 28-29, 32, 36-37, 42-43
状態維持・継続　103
状態動詞（句）　5-6, 21, 44
状態変化　4, 9, 12, 14, 19, 26-28, 32, 34, 36, 40, 66-67, 90, 94-98, 101, 103-104, 117, 162-163
状態変化動詞（verbs of change of state）　27-29, 33-34, 66-67
準動詞　92, 127
stage-level 叙述詞　44, 48, 50, 55-57, 59-60, 63, 66, 69-70, 76-79, 81-83
「スル」型　14, 16-17, 26, 34
「スル＋ナル」型　14-15
選択制限　31-33, 36-40, 72
総称的解釈（generic interpretation）　46, 59, 65
存在　9, 19, 21, 30, 32, 44, 46-49, 51, 54, 56, 60, 63-65, 68, 97, 99-102, 104, 106, 109-111, 114, 117, 122-123, 127-130, 133, 135, 141, 143, 145, 147, 154, 159, 163, 165-166
存在的解釈（existential interpretation）　46, 65

た行

対象物（theme）　9, 25, 46, 73, 76, 115
他者指向　141
他動詞用法　3, 4, 21, 23-25, 28-29, 32, 41-42
他動性　165

単純現在形　　　50-51, 70
dynamic 動詞　　78
任意的状況　　　52, 55, 57-58, 63, 68-69
着点　　11-12
直接性・即時性（immediacy）　　122, 125
There-構文　　63-64, 69
to-不定詞　　　90, 92, 112, 127-130, 132-136, 148, 154, 157, 161, 164-165
to-不定詞補文　　90, 92-93, 106-107, 109-116, 119-120, 122-124, 132, 137-143, 145-146, 152, 163-164, 168
統語的使役動詞　　25
到達　　9, 11-15, 18-21, 123, 129-130, 132, 135
特定的な解釈　　123-124
動作主（agent）　　9, 30-35, 37-41, 150-151, 165
同時性（simultaneity）　　131-132
動名詞　　90, 92, 127-136, 164, 168

な行
内部原因動詞　　30, 33-36
内部原因イベント　　29-33, 35, 41
「ナル」型　　4, 16-19, 26, 34
二次叙述詞（secondary predicate）　　6-7, 60-63, 72-77, 79-83
　描写二次叙述詞（depictive secondary predicate）　　6-7, 60-63, 72-77, 79-83
　結果二次叙述詞（resultative secondary predicate）　　60-61, 73
　条件二次叙述詞（conditional secondary predicate）　　61

は行
裸複数名詞（句）（bare plural nouns）　　5, 45-47, 49-50, 55, 64-65, 70
場所限定副詞　　59-60, 69
非対格動詞（unaccusative verb）　　23
非能格動詞（unergative verb）　　34
付加詞（adjunct）　　72, 83
付加詞構文（adjunct-predicate construction）　　72-83
付加詞構文の成立条件　　78-82
複合動詞（句）　　13-15, 20
不変　　49, 58, 66-68, 76
方向　　11, 17-18, 114, 129-133, 135
ホスト NP　　73-74, 76-77, 79-80
補文　　90-93, 106-125, 131-132, 137-146, 149, 151-152, 154, 161, 163-165, 168
　that 補文　　90-93, 106-107, 109, 113-114, 116, 123-124, 137, 142-146
　to-不定詞補文　　90, 92-93, 106-107, 109-116, 119-120, 122-124, 132, 137-143, 145-146, 152, 163-164, 168
　小節補文　　106, 110-117, 119-122, 124
平常な状態　　100
分詞　　90, 92, 103-104, 127, 130, 132, 135

ま行

未来志向的　　129, 132, 135
モデル対象物　　46
　KIND　　46-49, 54-56, 65
　OBJECT　　46-49, 51, 53-54, 56
　STAGE　　46-48, 51, 53-56, 58

ら・わ行

類像性（iconicity）　　90-93, 108-109, 137, 145, 163
領域　　97, 100-102, 104, 162-163
リンク付け　　62, 80-83
話題化する（topicalize）　　156

A〜Z

Bolinger　　93, 164, 166
Bach　　44, 47, 51, 54-56, 83
Borkin　　111-112, 114, 116-122, 163, 166
Carlson　　44, 46, 49, 54-55, 76, 83-84
Chierchia　　44, 49, 56, 59, 63-64, 78, 84
Clark　　99, 102, 162, 166
Davison　　107, 123-124, 166
Dixon　　111-112, 114, 116-117, 133, 164, 166
Dowty　　8, 26, 61, 67, 72-74, 84
Duffley　　113, 115, 149, 165-166
Givón　　141-142, 147-151, 166
Haiman　　90-91, 107, 137-138, 145, 152, 161, 163, 166
影山　　8, 10, 23-24, 87
Kratzer　　44, 56, 59, 78, 84
Lakoff and Johnson　　90-91, 108, 145, 167
Leech　　127-128, 164, 167
Levin and Rappaport（L&R）　　23-24
丸田　　23-24, 65-66, 87, 161, 168
Milsark　　44, 49, 63, 66, 85
Quirk et al.　　107, 110, 133, 164, 167
Radden　　96-98, 100-101, 103, 163, 167
Rapoport　　44, 60-62, 72-75, 79-80, 82, 86
Tenny　　17, 61, 86
Vendler　　8, 26, 86
Versopoor　　90, 131, 163, 168
八木　　110-111, 113, 164, 168
吉川・友繁　　4-5, 8-9, 21
Wierzbicka　　115, 131, 135, 139-141, 147, 152, 156-158, 168

●著者紹介

吉川　洋（よしかわ・ひろし）
関西学院大学大学院文学研究科修士課程修了。米国イリノイ大学アーバナ・シャンペン校言語学科客員研究員として留学。2015年3月兵庫県立大環境人間学部を定年退官し，現在兵庫県立大学名誉教授。著書・論文：『入門講座 英語の意味とニュアンス』（共著，大修館），"On Co-Indexing Relationship in Montague Grammar." (*English Linguistics Vol.5*, 日本英語学会編)，"A Semantic Analysis of Accomplishments on the Basis of Event Semantics." (*English Linguistics Vol.20*, 日本英語学会編)，など。

友繁義典（ともしげ・よしのり）
関西学院大学文学研究科博士後期課程単位取得修了。米国カリフォリニア州立大学バークレー校言語学科に客員研究員として留学。現在，兵庫県立大学環境人間学部教授。著書・論文：『ユースプログレッシブ英和辞典』（共著，小学館），『ネイティブの発想を知る 英語イディオム222』（共著，三修社），『入門講座 英語の意味とニュアンス』（共著，大修館），『ネイティブ表現養成講座』（単著，南雲堂），『ネイティブ感覚に近づく英語のニュアンス』（単著，開拓社），「中間構文の成立に関する意味的・語用論的制約」『英語語法文法研究』第13号（英語語法文法学会編），「はだか存在文の成立条件」『英語語法文法研究』第16号（英語語法文法学会編）など。

英語動詞の分類と分析
意味論・語用論によるアプローチ

2015年4月15日　初版第1刷発行

著　者　吉川 洋／友繁義典
発行者　森　信久
発行所　株式会社　松　柏　社
　　　　〒102-0072　東京都千代田区飯田橋1-6-1
　　　　TEL　03（3230）4813（代表）
　　　　FAX　03（3230）4857
　　　　http://www.shohakusha.com
　　　　e-mail: info@shohakusha.com

装幀　常松清史［TUNE］
組版・印刷・製本　倉敷印刷株式会社
ISBN978-4-7754-0212-2
Copyright © 2015　Hiroshi Yoshikawa & Yoshinori Tomoshige

定価はカバーに表示してあります。
本書を無断で複写・複製することを固く禁じます。

JPCA　本書は日本出版著作権協会（JPCA）が委託管理する著作物です。
日本出版著作権協会　複写（コピー）・複製，その他著作物の利用については，事前にJPCA（電話03-3812-9424, e-mail:info@e-jpca.com）の許諾を得て下さい。なお，
http://www.e-jpca.com/　無断でコピー・スキャン・デジタル化等の複製をすることは著作権法上の例外を除き，著作権法違反となります。